CONTRIBUTIONES JENENSES
Jenaer Beiträge zur Ökonomik
Band 12

Max-Planck-Institut für Ökonomik

Max-Planck-Institute of Economics

Manfred E. Streit (Hrsg.)

F.A. Hayek

Das politische Ideal der Herrschaft des Gesetzes
(The Political Ideal of the Rule of Law)

Jubiläumsvorlesungen zum 50sten Jahrestag
der Nationalbank von Ägypten

übersetzt und herausgegeben von Manfred E. Streit

NOMOS Verlagsgesellschaft
Baden-Baden

Die Deutsche Nationalbibliothek verzeichnet diese Publikation in der Deutschen Nationalbibliografie; detaillierte bibliografische Daten sind im Internet über http://dnb.d-nb.de abrufbar.

ISBN 978-3-8329-5351-5

1. Auflage 2010

F.A. Hayek

Foto: Lettice Ramsay, Cambridge

Vorwort des Autors

Als ich mit der Einladung beehrt wurde, die Jubiläumsvorlesungen der Nationalbank von Ägypten zu halten, konnte ich bestenfalls vorläufige Ergebnisse einer Studie anbieten, mit der ich mich einige Zeit beschäftigt habe, die jedoch noch nicht abgeschlossen ist. Ich habe mir die Gelegenheit zu Nutze gemacht, einen Überblick über die Schlussfolgerungen zu geben, zu denen ich gelangt bin, obwohl sie immer noch in mancher Hinsicht Modifikation erfordern. Deshalb sollten die folgenden Vorlesungen als vorläufige Skizze eines Arguments betrachtet werden, das in einem größeren Rahmen zu entwickeln wäre. Trotzdem bin ich mit Vergnügen dem Vorschlag der Nationalbank von Ägypten gefolgt, die Vorlesungen, wie gehalten, zu drucken, weil ich hoffe, von einer späteren und detaillierteren Behandlung von Einwänden und Kommentaren von denjenigen zu profitieren, die sie lesen. Im Hinblick auf den vorläufigen Charakter des Textes hielt ich es für angemessen, in den Anmerkungen eher vollständige Hinweise zu geben als vielleicht üblich in einem Satz von Vorlesungen, um denjenigen, die sich nicht mit dem Grundgedanken eines Arguments zufrieden geben wollen, einige der erhobenen Fragen weiter zu verfolgen. Einige der Hinweise verdanke ich der Freundlichkeit von Dr. Shirley Letwin, Irene Shils und Dr. Gerald Stourzh, deren freundliches Interesse an meinen Bemühungen ich dankbar anerkenne.

Februar 1955 F. A. HAYEK

Vorwort des Übersetzers und Herausgebers

Mit Freude möchte ich hiermit den vorläufig letzten Band der von mir in der Gründungsphase des Max-Planck-Instituts zur Erforschung von Wirtschaftssystemen, nunmehr Max-Planck-Institut für Ökonomik, initiierten Reihe CONTRIBUTIONES JENENSES vorstellen, die inzwischen „Jenaer Beiträge zur Ökonomik" genannt werden. Meine Freude ist eine besondere, denn dieser Band 12 der Reihe gibt mir die Gelegenheit, eines großen Ökonomen und Juristen zu gedenken, der meine ordnungstheoretischen und ordnungspolitischen Arbeiten in den vergangenen vier Jahrzehnten nachhaltig geprägt hat: Friedrich August Hayek. Das soll mit der Übersetzung und Herausgabe von vier Vorlesungen geschehen, die er im Februar 1955 auf Einladung der Nationalbank von Ägypten zu deren 50jährigen Bestehen in Kairo gehalten hat und von denen ich einen Sonderdruck antiquarisch erwerben konnte. Die in Englisch veröffentlichen Vorlesungen hatten den Titel „The Political Ideal of the Rule of Law". Wie aus dem Sonderdruck ersichtlich, gehörten zu den aus Anlass des Jubiläums geladenen Vortragenden auch die Ökonomen Wilhelm Röpke mit dem Vortrag „The Problem of Economic Order" und Ragnar Nurkse mit „Some Aspects of Capital Accumulation in Underdeveloped Countries". Obwohl ich nicht weiß, wie es zu der Einladung von Hayek kam, der im Sonderdruck als Mitglied des Committee on Social Thought der Universität Chicago vorgestellt wird, kann ich mir gut vorstellen, dass seine Bekanntheit nach der Veröffentlichung seines von ihm als „politisch" bezeichneten Buchs „Der Weg zur Knechtschaft" (Hayek 1944/2004) bedeutsam gewesen war. Was die Vorarbeiten zu diesen Vorlesungen betrifft, verweist Hayek in seinem hier wiedergegebenen Vorwort darauf, dass er sich auf Ergebnisse einer Studie bezieht, mit der er sich seit einiger Zeit beschäftigt habe. Bruno Leoni (1991, S. 58, Anm.1) folgend, ist die vollständige Substanz der Vorlesungen später in „Die Verfassung der Freiheit" (Hayek 1971/2005) eingegangen. Dort findet sich das Wesentliche in Kapitel 13, überschrieben mit „Liberalismus und Verwaltung: der Rechtsstaat". Hayek selbst verweist in seiner Anmerkung zu Kapitel 11, betitelt mit „Der Ursprung der Herrschaft des Gesetzes", darauf, dass das Wesentliche dieses Kapitels und der Kapitel 13-16 aus den Vorlesungen in Kairo entwickelt wurde. Als eine Art Vorläufer zu diesen Vorlesungen kann Hayeks Vortrag 1951 in Zürich mit dem Titel „Gleichheit und Gerechtigkeit" (Hayek 1951/2002) angesehen werden. Im Herbst 1950 hatte Hayek in Chicago ein Seminar mit dem Titel „Equality and Justice" angeboten (Hennecke 2000, S. 251). In dem genannten Vortrag beschäftigt sich Hayek mit dem Niedergang des rechtsstaatlichen Ideals, wie dies später in der vierten der hier vorgestellten Vorlesungen in Kairo geschah.

Hayeks Gedanken zum Ideal des Rechtsstaates sind mehrfach in meinen erläuternd gedachten Aufsatz „Der Rechtsstaat - ein vergessenes Ideal" eingeflossen, in dem auch sein „Niedergang der Herrschaft des Gesetzes" aufgegriffen wird. Der Aufsatz ist im Anhang dieses Bandes abgedruckt.

Zur Übersetzung der Vorlesungen habe ich folgendes anzumerken: Aufbau und Druckweise der Vorlesungen wurden originalgetreu übernommen. Was Zitate des Autors aus englischen und französischen Quellen angeht, habe ich sie, wie der Autor zum gleichen Thema (Hayek 1953/2002) unübersetzt übernommen. Manche Formulierungen Hayeks zu Beobachtungen in Kontinentaleuropa erscheinen heute etwas distanziert. Zu bedenken ist aber, dass sie aus der Sicht eines Engländers auf die betreffenden Länder geschrieben wurden. Abweichend von dem Vorgehen in den bei Mohr Siebeck (Tübingen) erschienenen Gesammelten Schriften in deutscher Sprache wurden die bibliographischen Hinweise in den Anmerkungen im Wesentlichen ungeprüft übernommen.

Meine Bemühungen um eine rechtliche Genehmigung zur Übersetzung und Publikation der Vorlesungen erwiesen sich als schwierig und langwierig. Für Rat in dieser Situation möchte ich *Georg Siebeck* (Tübingen) ebenso danken wie meinem Kollegen *Josef Drexl* im Max-Planck-Institut für geistiges Eigentum und Wettbewerbsrecht (München). Zu danken habe ich auch nicht zuletzt *Christine Hayek* (London), die mir half, den Verlag Routledge (Milton Park, Oxfordshire) zu kontaktieren, der über die Autorenrechte zu verfügen scheint und der mir schließlich die gewünschte Genehmigung erteilte, wofür ich hiermit danke.

Diesen Band möchte ich meinem Kollegen *Ernst-Joachim Mestmäcker* dankend widmen. Er war es, der mich während meines Studiums auf die Beziehung von Rechtswissenschaft und Ökonomik aufmerksam machte. Auch Hayek betont das Wissen von Ökonomik und Recht in der 2. Anmerkung zu seiner ersten Vorlesung, die nachstehend abgedruckt ist. Er war es auch, der mit seinem Dienstantritt in Freiburg diese Beziehung hervorhob und sich bemühte, sie durch Vorlesungen für Ökonomen und Juristen programmatisch zu fördern.

Herrn *Mestmäcker* danke ich darüber hinaus für wohlwollenden Rat und Hilfe, die er mir vor und während der Gründung des nunmehrigen Max-Planck-Instituts für Ökonomik zuteil werden ließ.

Schließlich habe ich meiner Sekretärin in der mir eingerichteten Emerituseinheit, *Sandra Deichsel*, zu danken für die sorgsame elektronische Vorbereitung und Durchführung der Druckvorlage für diese Publikation. Wie auch in vorangegangenen Fällen möchte ich der Max-Planck-Gesellschaft dafür danken, dass sie durch Ausstattung meiner Emerituseinheit diese Veröffentlichung ermöglicht hat.

Jena, im Frühjahr 2010 *Manfred E. Streit*

Literatur

Hayek, F. A. (1944/2004): Der Weg zur Knechtschaft; F. A. Hayek, Gesammelte Schriften in deutscher Sprache, Band B1, hrsgg. von Manfred E. Streit, übersetzt von Eva Röpke, Tübingen: Mohr Siebeck.

Hayek, F. A. (1951/2002): Gleichheit und Gerechtigkeit; in ders. Grundsätze einer liberalen Gesellschaftsordnung; F. A. Hayek, Gesammelte Schriften in deutscher Sprache, Band A 5, hrsgg. von Viktor Vanberg, Tübingen: Mohr Siebeck, S. 231-234.

Hayek, F. A. (1953/2002): Entstehung und Verfall des Rechtsstaatsideales; in ders. Grundsätze einer liberalen Gesellschaftsordnung; F. A. Hayek, Gesammelte Schriften in deutscher Sprache, Band A 5, hrsgg. von Viktor Vanberg, Tübingen: Mohr Siebeck, S. 39-62.

Hayek, F. A. (1971/2005): Die Verfassung der Freiheit; F. A. Hayek, Gesammelte Schriften in deutscher Sprache, Band B 3, hrsgg. von Alfred Bosch und Reinhold Veit, Tübingen: Mohr Siebeck.

Hennecke, H. J. (2000): Friedrich August von Hayek – Die Tradition der Freiheit; Düsseldorf: Verlagsgruppe Handelsblatt.

Leoni, B. (1991): Freedom and The Law; 3. erw. Auflage, Indianapolis: Liberty Fund.

Inhaltsverzeichnis

VORLESUNG I

Freiheit und die Herrschaft des Gesetzes – Ein Historischer Überblick

The Power which is at the root of all liberty to dispose and economise in the land which God has given them, as masters of family in their own inheritance.

John Milton[1]

1. Grundsätze und Tendenz in dem demokratischen Prozess

In diesen Vorlesungen werde ich ein Ideal hochhalten, das für die Welt einst im Beispiel von Britannien verkörpert war. Ich habe mit Bedauern hinzuzufügen, dass ich hauptsächlich über die Vergangenheit jenes großen Landes sprechen werde. Ich werde über ein Ideal sprechen, das es die Welt einst lehrte und dessen Verfolgung es groß machte, obwohl es nun manchmal scheinen mag, als ob es sich davon abgewandt hätte. Dennoch denke ich nicht, dass es aus diesem Grund notwendigerweise ein veraltetes Ideal ist, welches noch immer von immensem Wert für die Welt ist. Und was auch immer auf die Länder zutreffen mag, die durch eine Politik der individuellen Freiheit zu großen Zentren einer kreativen Zivilisation geworden sind - und ich kenne keinen Fall in der Menschheitsgeschichte, in dem ein Land dies auf einem anderen Weg erreicht hat. Ob solch ein Land sich den Luxus leisten kann, das alte Ideal durch eine neue Vorstellung von Gerechtigkeit zu ersetzen. Ich zweifele nicht, dass der Weg zur Größe immer noch der gleiche harte und vielleicht raue ist, dass Länder, die nach Aufstieg streben oder den Wohlstand wieder zu gewinnen, den sie verloren haben, es der Anreiz für alle individuellen Energien ist, den die Herrschaft der Freiheit allein zu diesem Ziel führen wird.

Obwohl ich mit gewissen Entwicklungen beginnen werde, die in moderner Zeit in Britannien anfingen, wird es ein universelles und kein nationales Problem sein, mit dem ich mich befassen werde. Vor sechzig oder siebzig Jahren hat das Ideal, von dem ich sprechen werde, das Bewusstsein, wenn nicht die Praktiken von vielen in allen westlichen Nationen vollständig erobert und wenige bezweifeln, dass es dazu bestimmt war, die Welt zu beherrschen. Die materielle Zivilisation, die uns umgibt und die zumindest die herrschenden Klassen aller Völker der Welt sich zu Eigen gemacht haben, ist immer noch das Ergebnis der Vorherrschaft dieses Ideals, und da wir immer noch unsere politischen Ideale mit den gleichen Begriffen beschreiben, die unsere Großväter benutzten, wissen nur wenige, wie sehr sich ihre Bedeutung geändert hat und wie weit wir von den Idealen abgerückt sind, für die sie einstanden.

In der Tat, der Hauptgrund, weshalb ich entschieden habe, meinen Gegenstand historisch anzugehen, ist, Ihnen bewusst zu machen, wie sehr sich der gesamte Rahmen der Regierungsmacht bereits geändert hat, wie wenig die rechtliche Position selbst in den freiesten Ländern den Idealen und Auffassungen entspricht, denen wir immer noch Lippendienste leisten. Ich möchte Ihre Aufmerksamkeit auf eine stille Revolution lenken, die in den vergangenen zwei oder drei Generationen in den Zufluchtsorten des Rechts weitgehend unbeobachtet von der Öffentlichkeit ablief. Die Revolution hat allmählich alle Garantien individueller Freiheit aufgezehrt, für die diese Völker zu kämpfen gewillt waren. Es ist eine eigenartige Form von Revolution, in der einer, der häufig als konservativ angesehenen Berufe den rechtlichen Rahmen für Regierungshandeln vollständig geändert hat, indem er Implikationen des Gemeinwohls ausarbeitete, die weder der Volkssouverän, noch seine Repräsentanten jemals verstanden. Die entscheidenden Schritte waren Veränderungen in der Rechtsauffassung von Streitfragen, die dem Laien als nette rechtliche Punkte erschienen, die nur der Jurist verstehen oder bearbeiten könnte, von denen aber in der Tat die Grundlagen ihrer Freiheit abhingen.

Dessen sind sich in der Tat häufig die gleichen Leute wenig bewusst, die sehr aktiv waren, um den Wechsel herbeizuführen, dass, obwohl sie niemals müde werden, Ihnen zu sagen, dass Sie „die Uhr nicht zurückdrehen können“, sie gleichzeitig abschätzig bestreiten werden, dass irgendetwas Wesentliches verloren worden ist oder dass einige der wichtigen Errungenschaften der liberalen Ära geopfert worden sind. Und diese Umformung der gesamten Vorstellung von Recht und von den Befugnissen des Staates ist in der Tat der Aufmerksamkeit des einfachen Mannes auf der Straße entgangen. In der Tat, wer kümmert sich darum, was in der langweiligen Sphäre des Verwaltungsrechts vor sich geht, dessen Name für viele Leute Ärger und Langeweile bedeutet. Dennoch ist es die technische Diskussion dieser Sphäre, in der das Schicksal unserer Freiheit entschieden wird und der wir uns zuwenden müssen, wenn wir wissen wollen, wie sie zu bewahren ist.

Der Mechanismus des Zusammenwirkens von demokratischen Entscheidungen und deren Umsetzung durch Experten produziert häufig Ergebnisse, die niemand wünscht, ist ein Gegenstand, der mehr sorgfältige Aufmerksamkeit verdient, als er üblicherweise erfährt. Sobald Verwaltung eine Spezialität wird und es dem Experten überlassen bleibt, Schlussfolgerungen aus dem zu ziehen, was eine andere Menschengruppe als Politik dargelegt hat, führt diese Arbeitsteilung nahezu notwendig zu ungeplanten Ergebnissen. Der Jurist, der sich lediglich als Vollstrecker des Volkswillens betrachtet, wird die Folgen einer demokratischen Entscheidung auszuarbeiten haben, die, obwohl fraglos von ihr impliziert, weit entfernt von den Erwägungen derjenigen ist, die sie getroffen haben. Doch der Umstand, dass sich gewisse Folgen aus einer Entscheidung ergeben, wird als Beweis dafür genommen, dass diese Folgen unerwünscht waren.

Der Jurist, der nichts anderes als ein Jurist ist, kann nur zu diesen Schlussfolgerungen gelangen. Vielleicht ist es richtig, dass der Jurist als ein Diener des demokratischen Willens sich ausschließlich mit dem befassen soll, was in der Tat das Gesetz ist. Aber dann muss mit dem nötigen Respekt gesagt werden, dass das Gesetz, welches unsere Freiheit schützt, zu wichtig ist, um vollständig den Juristen überlassen zu bleiben[2]. Es ist vielleicht leicht zu erklären, warum gegenwärtig die Diskussion des Rechts nahezu vollständig von denjenigen geführt wird, deren berufliches Interesse dem gilt, was das Gesetz ist anstatt was es sein sollte, was sicherlich unglücklich ist. Eine solche Situation wird entschieden gefährlich, wenn sie mit einer Tendenz kombiniert wird, die häufig bei zeitgenössischen Rechtstheoretikern zu finden ist, nämlich die Tatsache, dass ein Gesetz erlassen worden ist, als Beweis zu behandeln, dass es notwendig war - weil, wie uns häufig gesagt wird, Chaos entstanden wäre und die tatsächliche Entwicklung als Beweis dafür behandelt wird, dass es unvermeidbar oder wünschenswert war. Obwohl ihr berufliches Interesse diese Haltung vieler Juristen erklären mag, geht es sicherlich nicht über ihr Wissen hinaus, wenn sie eine Entwicklung verteidigen, an der sie selbst das Instrument waren. Eine Demokratie, will sie ihre Bestrebungen erreichen, erfordert dringlicher als irgendeine andere Art politischer Ordnung systematische Kritik des gesamten Ergebnisses, welche ihre getrennten Handlungen gemeinsam hervorbringen.

2. Der Zustand der Freiheit

Ein historischer Ansatz für unser Problem ist auch sehr nützlich aus einem anderen Grund.

Abstrakte Diskussionen der Bedeutung von Freiheit sind selten sehr fruchtbar. Sie entstehen gewöhnlich unter Menschen, die so lange die wesentlichen Elemente von Freiheit genossen haben, dass sie sie als gewährleistet betrachten und kaum länger wahrnehmen, was sie sind. Weil diese Menschen hauptsächlich damit befasst sind, die Hindernisse zu überwinden, die der Erfüllung ihrer Wünsche entgegen stehen, geraten immer neue Ziele in ihr Blickfeld, sobald die alten Hindernisse überwunden worden sind. Ein Volk, welches für Generationen im sicheren Besitz der Freiheit gewesen ist, wird sich häufig mehr für „neue Freiheiten" interessieren als für die Freiheit, die es besitzt und es mag sogar verführt sein durch das Versprechen solch neuer Freiheiten, etwas von seiner alten Freiheit zu opfern.

Wenn aber ein langer Genuss der Freiheit eines Volkes Sinn für seine Natur und seinen Wert abstumpft, können wir im Allgemeinen denjenigen vertrauen, denen die Freiheit genommen wurde oder dass sie sie erkennen, wenn sie sie sehen. Wenn wir verstehen wollen, was das Wesentliche der individuellen Freiheit ist, die noch nicht lange her die Grundlage der westlichen Zivilisation schien, lohnt es sich für uns, auf die Zeit zu blicken, als die Freiheit noch eine neue Sache war, ein Wert, für den gekämpft und nach dem gestrebt wurde.

In der modernen Welt bestand allgemeine menschliche Freiheit im Unterschied zu den Freiheiten, welche die Privilegien weniger sind, kaum vor dem England des siebzehnten Jahrhunderts. Es kann kein Zweifel darüber bestehen, dass es die Entwicklung in diesem Land war, welches im darauffolgenden Jahrhundert zum bewunderten Modell für das restliche Europa wurde, und dass die Grundlage für weitere Entwicklungen in der neuen Welt lieferte. Heute ist es schwer, nachzuvollziehen, wie groß der Unterschied in der persönlichen Freiheit zwischen England und dem restlichen Europa war und wie akut dieser Unterschied auf beiden Seiten gefühlt wurde[3]. Wenn uns das nicht länger bewusst ist, ist dies wahrscheinlich der Tatsache zuzuschreiben, dass für eine kurze Periode vor dem 1. Weltkrieg die Situation in vielen europäischen Ländern den englischen Bedingungen ziemlich nahe gekommen war, wie dem Umstand, dass so viele der charakteristischen Merkmale der Freiheit von da an verschwunden sind. In der Tat, viel von dem, was vor einer Generation britische oder amerikanische Beobachter als die ärgerliche und nicht tolerierbare Beschränkungen in den Ländern des europäischen Festlands ansahen, sind nunmehr so vertraut in England, dass viele der jüngeren Generation nicht länger wissen, warum die gerühmte britische Freiheit bestand - oder aber wahrscheinlich wichtige Unterschiede in dieser Hinsicht beobachten, wenn sie den Ärmelkanal überqueren.

Es ist in der Tat möglich, die Anfänge englischer Freiheit weiter zurück zu verfolgen als bis zum siebzehnten Jahrhundert. Für unsere Zwecke bestünde geringe Berechtigung für solche altertümliche Untersuchungen, obgleich zu Beginn jenes Jahrhunderts, als die Engländer mit ihrem Kampf um Freiheit begannen, sie sich auf einige berühmte Dokumente aus ihrer früheren Geschichte stützen konnten, war es tatsächlich eine neue Entwicklung, die dann begann. Es ist wahr, dass in ganz Europa im Mittelalter mehr über Garantien für persönliche Freiheit sowohl in der Theorie als auch in der Praxis gewusst wurde, als es nun gemeinhin geglaubt wird[5]. Aber sie verschwanden weitgehend mit dem Entstehen der absoluten Monarchie und waren im England der Tudors fast so viel in Gefahr, von der organisierten Macht des neuen Nationalstaates überschwemmt zu werden wie in anderen Teilen Europas. Die Vorstellung einer eingeschränkten Regierung, die aus dem englischen Kampf des 17. Jahrhunderts hervorging, war somit ein wirklicher Neubeginn. Wenn die englischen Dokumente, bis zur Magna Charta, der großen „Constitutio Libertatis“[6] bedeutsam für die Entwicklung der modernen Freiheit des Individuums sind, liegt es daran, dass sie als wirksame Waffe in diesem Kampf dienten. Sie sind wahrscheinlich niemals vollkommen vergessen oder unwirksam geworden. Aber es kann wenig Zweifel darüber bestehen, dass durch ihren Gebrauch in den Auseinandersetzungen des 17. Jahrhunderts ihre Begriffe ihren modernen Inhalt und ihre Bedeutung erhielten.

Für unsere Zwecke müssen wir nicht die moderne Geschichte der Freiheit zurück verfolgen. Ich muss nicht vollständig über eine andere Quelle der Vorstellungen hinweggehen, mit der wir uns hauptsächlich befassen werden. Selbst wenn uns Thomas Hobbes nichts von dem rebellischen Geist seiner Periode erzählt hat, dass „one of the most frequent causes of it, is the reading of books of policy, and histories of the ancient Greeks and Romans“ und dass aus diesem Grund „there was never anything so dearly bought, as these Western parts have bought the learning of the Greek and Latin tongues“, konnte kein Zweifel daran sein, dass die Inspiration der neuen Bewegungen sich weitgehend von dem Studium der Klassiker ableitete.

3. *Isonomie*

Obwohl die Tatsache des großen Einflusses der klassischen Tradition des modernen Ideals der Freiheit unbestreitbar ist, wird die Natur dieses Einflusses nicht immer verstanden. Sie ist durch eine Tendenz verdunkelt worden, abzulehnen, dass die Alten individuelle Freiheit im modernen Sinn kannten[9]. Aber obwohl dies für einige Orte und Perioden richtig sein mag, trifft es sicherlich nicht für Athen während seiner Zeit der Größe zu. Obgleich die degenerierte Demokratie, auf die Plato reagierte, einige dieser Zweifel rechtfertigt, gibt es sicherlich keinen Platz für solche Zweifel hinsichtlich jener Athener, welche im Augenblick der höchsten Gefahr während der sizilischen Expedition von ihrem General daran erinnert wurden, dass sie für ein Land kämpften, in dem sie „unfettered discretion to live as they pleased“[10] hatten.

Aber worin schien diese Freiheit des „freest of all countries“, wie Nikias Athen bei der gleichen Gelegenheit nannte, zu bestehen, sowohl für die Griechen selbst und später für die Anhänger Elisabeths, deren Vorstellungskraft sie anfeuerte?

Die Antwort scheint zumindest zum Teil durch ein griechisches Wort gegeben zu sein, welches die Anhänger Elisabeths dem Griechischen entlehnten und das dann ungebräuchlich wurde. Seine Geschichte, sowohl im alten Griechenland und danach, ist instruktiv. Isonomie erschien in England am Ende des 16. Jahrhunderts in einem Wörterbuch als italienisches Wort, das bedeutete „equalitie of lawes to all manner of persons“[11] und kurz danach, 1600, wird es bereits frei genutzt in seiner englischen Form „isonomy“ in einer Übersetzung von Livius[12], um seine Beschreibung eines Zustands von gleichen Gesetzen für alle und der Verantwortlichkeit der Richter wiederzugeben.

Es wurde häufig während des 17. Jahrhunderts weiter benutzt „Equality before the Law, Government of Law“ und „Rule of Law“ scheinen spätere Wiedergaben des Konzepts zu sein, das dann durch den griechischen Ausdruck beschrieben wurde.

Die Geschichte des Ausdrucks im alten Griechenland erteilt eine seltsame Lektion. Es ist vielleicht der erste Fall eines Zyklus, den Zivilisationen zu wiederholen scheinen[13]. Ursprünglich beschrieb er die Bedingungen, die Solon in Athen festgelegt hatte, als er „gave the people not so much control of public policy, as the certainty of being governed legally in accordance with known rules.”[14] Als solches „it was contrasted with the arbitrary government of tyrants”[15]. Und es war Isonomie, welche die Athener in einem beliebten Trinklied priesen, um die Ermordung eines ihrer Tyrannen zu feiern[16]. Das Konzept war sowohl älter und allgemeiner als das der *democratia*. Und das Verlangen nach gesicherter Beteiligung aller Bürger an der Regierung war anscheinend eine der Folgerungen, die daraus abgeleitet wurden, die Herodot als „the most beautiful of all names of a political order“[17] erscheint. Und sogar nachdem die Demokratie erreicht war, wurde der Ausdruck weiterhin genutzt als eine Rechtfertigung der Demokratie -und später, wie zu Recht gesagt[18], als eine Verschleierung des wahren Charakters der angenommenen Demokratie, weil die demokratische Regierung bald begann, diese Gleichheit vor dem Gesetz zu zerstören, von der sie ihre Rechtfertigung ableitete. Den Griechen war voll bewusst, dass die beiden Ideale, obwohl verwandt, nicht das Gleiche waren. So spricht zum Beispiel Thukydides ohne Zögern von einer „isonomischen Oligarchie“[19] und später finden wir Isonomie benutzt von Plato in bewusstem Kontrast eher zur Demokratie als zu ihrer Rechtfertigung[20].

Im Lichte dieser Entwicklung scheinen die berühmten Passagen in Aristoteles' „Politics“, in der er die verschiedenen Arten von Demokratie diskutiert, in der Tat eine Verteidigung des Ideals der *Isonomie* zu sein. Es ist gut bekannt, wie sehr er betonte, dass „it is more proper that the law should govern than any of the citizens", dass die Personen, die höchste Macht haben, „should be appointed only guardians of the law"[21] und wo „everything is determined by a majority vote and not by a law". Solch eine Regierung kann nach ihm nicht als die eines freien Staates angesehen werden: „for, when the government is not in the laws, there is no free state, for the law ought to be supreme over all things". Er behauptete sogar, dass jede Einrichtung, die alle Macht auf Stimmen des Volkes konzentrierte, könnte nicht „properly speaking, be called a democracy, for their decrees cannot be general in their extent“[22]. Zusammen mit der ebenso berühmten Passage in seiner *Rhethorics* argumentiert er, dass „it is of great moment that well-drawn laws should themselves define all the points they can and leave as few as may be for the decision of the judges"[23]. Das liefert eine einigermaßen vollständige Doktrin von Herrschaft des Gesetzes.

Wie fundamental diese Vorstellung für die Athener blieb, wird durch cin Gesetz gezeigt, das Demosthenes in einer seiner „orations“[24] zitiert, als „as good as ever law was“. Die Athener, die es einführten, waren der Meinung, da jeder Bürger einen gleichen Anteil an privaten Rechten hatte, sollte jedermann einen gleichen Anteil an den Gesetzen haben. Und er schlug deshalb vor „that it should not be lawful to propose a law affecting any individual, unless the same applied to all Athenians." Dies wurde das Gesetz von Athen. Wir wissen nicht, wann dies passierte - Demosthenes bezog sich darauf 352 v. Chr. Aber es ist interessant zu sehen, wie zu dieser Zeit die Demokratie bereits das primäre Konzept geworden war, von dem das ältere der Gleichheit vor dem Gesetz nun abgeleitet wurde. Obgleich Demosthenes, was auf Aristoteles zutrifft, nicht länger den Ausdruck *isonomia* benutzt, ist sein Bericht über diesen Fall ein wenig mehr als eine Paraphrase des alten Konzepts.

Der direkte Einfluss, welchen diese griechischen Auffassungen im 17. Jahrhundert auf das englische Denken ausübten, scheint klar aus einem Schriftwechsel zwischen Thomas Hobbes und James Harrington hervorzugehen, aus dem sich der moderne Gebrauch der Redensart, Regierung des Gesetzes und nicht der Menschen abzuleiten schien. Hobbes hatte ihn beschrieben als „just another error of Aristotle's politics that in a well-ordered commonwealth not men shold govern but the law."[25] Harrington antwortete, dass „the art whereby a civil society is instituted and preserved upon the foundations of common rights and interest... (is), to follow Aristotle and Livius, ... the empire of laws not of men"[26].

Im Verlauf des 17. Jahrhunderts wurde der Einfluss der griechischen Denker auf das englische politische Denken zunehmend abgelöst von dem der Römer. Livius, dessen Übersetzung den Ausdruck Isonomia populär machte, und auf den sich, wie wir gerade gesehen haben, Harrington bezieht, wurden Tacitus und vor allem Cicero die Hauptquellen, von denen sich die gleiche Tradition ableitete. Cicero verdanken wir viele Formulierungen der Ideale der Freiheit unter dem Gesetz, die sich im Mund englischer Vorkämpfer politischer Freiheit und in der Schrift von Montesquieu als sehr wirksam erwiesen. Die Auffassung, dass wir dem Gesetz gehorchen, um frei zu sein[27] und dass der Richter nur der Mund ist, aus dem das Gesetz spricht[28], ist die seine. Während dieser klassischen Periode römischen Rechts wurde einmal mehr verstanden, dass es keinen Konflikt zwischen Freiheit und Gesetz gab und dass es von gewissen Eigenschaften des Gesetzes abhing, von seiner Allgemeinheit und Bestimmtheit, mit der es der Amtsgewalt Beschränkungen auferlegt, ob es uns Freiheit geben würde.

Aber noch einmal wurde die Freiheit, welche die Gleichheit der Gesetze schafft, von populären Begehren einer anderen Art von Gleichheit zerstört. Während des späten Empire wurde das strenge Gesetz zunehmend aufgegeben, als der Staat im Interesse einer neuen sozialen Politik darauf abzielte, zunehmende Kontrolle über das ökonomische Geschehen zu gewinnen[29] und am Ende beschrieb ein Schüler des römischen Rechts den Prozess, der unter Kaiser Konstantin begann, so:

> *„the absolute empire proclaimed together with the Principle of equity the authority of the imperial will unfettered by the barrier of law. Justinian with his learned professors brought this process to its conclusion"*[30]

4. Der Kampf gegen Privileg

Heute wird nicht immer beachtet, dass der große Kampf zwischen König und Parlament in England, in dem diese alten Grundsätze noch einmal siegreich waren, hauptsächlich über Probleme der Wirtschaftspolitik ausgefochten wurde, denjenigen gleichen, die heute wiederum im Vordergrund der politischen Diskussion stehen. Für Historiker des 19. Jahrhunderts mögen die Maßnahmen von Jakob I und Karl I, die den Konflikt auslösten, als Missbräuche ohne aktuelles Interesse sein. Für uns haben die Versuche der Könige, Industriemonopole zu errichten, einen sehr bekannten Klang: Karl I beabsichtigte sogar, die gesamte Kohlenindustrie zu nationalisieren, wurde davon nur abgehalten, als ihm gesagt wurde, dass dies wahrscheinlich eine Rebellion auslösen würde[31].

Seitdem im berühmten Fall der Monopole[32] ein Gericht entschieden hatte, dass das Gewähren von ausschließlichen Rechten, einen Artikel herzustellen, „against the common law and the liberty of the subject" wäre, blieb es das Verlangen nach gleichen Rechten für alle Bürger, mit dem das Parlament den Bemühungen des Königs widersprach. Engländer schienen damals besser als wir heute verstanden zu haben, dass die Kontrolle der Produktion stets die Schaffung eines Privilegs ist im Sinne von Peter zu tun erlauben, was Paul nicht erlaubt ist. Die erste große Erklärung der Herrschaft des Gesetzes wurde jedoch durch eine andere Art ökonomischer Maßnahme hervorgerufen. Die Petition of Grievances von 1610 wurde von neuen Regulierungen ausgelöst, die vom König für das Bauen in London erlassen wurden sowie für die Produktion von Stärke aus Weizen. Ich muss dieses berühmte Gesuch des Unterhauses zitieren, in dem ich die Passagen hervorhebe, welche die zentrale Doktrin anführen:

„Among the many other points of happiness and freedom which Your Majesty's subjects of this kingdom have enjoyed under your royal progenitors. Kings and queens of this realm, there is none which they have accounted more dear and precious than this, to be guided and governed by the certain rule of law, which giveth to the head and the members that which of right belongeth to them and not by any uncertain and arbitrary form of government which, as it has proceeded from the original good constitution and temperature of this state, so hath it been the principal means of upholding the same, in such sort that their kings have been just, beloved, happy and glorious, and the kingdom itself peaceable , flourishing and durable for many ages ... Out of this root hath grown the indubitable right of the people of this kingdom, not to be made subject to any punishment that shall extend to their lives lands, bodies, or goods other than such as are ordained by the common laws of this land or statutes made by the common consent in parliament."[33]

Die weitere Entwicklung dieser Doktrin der Whigs von der Herrschaft des Gesetzes, wie sozialistische Juristen ihm gehässig den Spitznamen gaben, war eng verbunden mit dem andauernden Kampf gegen staatlich verliehene Monopole und besonders mit der Diskussion über das Statute of Monopolies von 1624. Es war hauptsächlich in diesem Zusammenhang, dass die große Quelle der Grundsätze der Whigs, Sir Edward Coke, eine Interpretation der Magna Charta entwickelte, die ihn veranlasste, zu formulieren (mit Bezug auf den Fall der Monopole), dass

„ if a grant be made to any man, to have the sole making of cards or the sole dealing with any other trade, that grant is against the liberty and freedom of the subject ... and consequently against this great charter."[34]

Ich muss nicht versuchen, der weiteren Entwicklung dieser Ideen durch die intellektuellen und politischen Auseinandersetzungen des Jahrhunderts nachzugehen, und ich werde mich nur kurz auf die klassische Darstellung von John Locke in seinem *Second Treatise on Civil Government* beziehen. Ich werde Sie lediglich daran erinnern was wahrscheinlich die wichtigste Passage ist, in der er in bewusstem Gegensatz zu denjenigen, welche Freiheit als Abwesenheit von allen rechtlichen Bindungen interpretieren, sie wie folgt definiert:

„Freedom of men under government is to have a standing rule to live by, common to every one in of that society, and made by the legislative power erected in it: and not to be subject to the inconstant, unknown, arbitrary will of any other man."[35]

Den Rest von Locke' s zentraler Doktrin werde ich in der Zusammenfassung eines großen amerikanischen Rechtswissenschaftlers zitieren: „Law must be general: it must afford equal protection for all: it may not validly operate retroactively; it must be enforced through courts -legislative power does not include judicial power."[36] Zusätzlich werde ich lediglich anführen, dass für Locke diese Beschränkung der Willkür jeglicher Autorität, einschließlich der Gesetzgebung, eine geschützte Sphäre der Individuen voraussetzt, ihre „lives liberties and estates", wie er sagt „I call by the general name, property;" und Ihre Aufmerksamkeit auf die selten beachtete moderne Rechtfertigung lenken, die er seinem ganzen Programm gibt, was wir nun nennen „the taming of power". In Lockes Worten:

> *„The end why (men) choose and authorize a legislative is that there may be laws made, and rules set as guards and fences of the properties of all the members of society, to limit the power and moderate the dominion of every part and member of society"*[38]

5. Die Tradition des 18. Jahrhunderts

Wenn die Auseinandersetzungen des 17. Jahrhunderts das Grundprinzip bestätigt haben, war die vollständige Errichtung der Herrschaft des Gesetzes in England im wesentlichen eine Sache des 18. Jahrhunderts.[39] Was die Errungenschaft im Zeitverlauf bedeutete, kann vielleicht deutlicher in der Arbeit von Historikern gesehen werden, die ihre Zeitgenossen interpretierten. Es ist sehr berechtigt gesagt worden, dass für David Hume die wahre Bedeutung der Geschichte Englands eine Evolution von einer „government of will" zu einer „government of law" war.[40] Es gibt insbesondere eine Passage, die sich auf die Abschaffung der Star Chamber 1641[41] bezieht, in der er deutlich sagt, was er als signifikantes Merkmal der Verfassungsentwicklung im vorangegangenen Jahrhundert betrachtete:

> *„No Government, at the time, appeared in the world, nor is perhaps to be found in the records of history, which subsisted without a mixture of some arbitrary authority, committed to some magistrate; and it might reasonably, beforehand, appear doubtful, whether human society could ever arrive at that state of general and rigid maxims of law and equity. But the Parliament justly thought that the King was too eminent a magistrate to be trusted with discretionary power, which he might so easily turn to the destruction of liberty. And in the event it has been found that some inconveniences arise from the maxim of adhering strictly to law, yet the advantages so much overbalance them, as should render the English forever grateful to the memory of their ancestors who, after repeated contests, at last established that noble principle."*[42]

Während der zweiten Hälfte des Jahrhunderts finden wir das Prinzip konstant angerufen als fraglose Grundlage der englischen Freiheit, sowohl in der politischen Kontroverse als auch in systematischen Aussagen politischer Philosophen. Es hat seinen klassischen Ausdruck in vielen bekannten Passagen von Edmund Burke gefunden. Zu detaillierteren Aussagen müssen wir uns jedoch einigen von seinen geringeren Zeitgenossen zuwenden. Ich muss mich auch hier auf einige wenige, besonders bezeichnende Passagen beschränken. Die Gelegenheit für eine davon wurde durch einen nebensächlichen Hinweis auf dass Prinzip in Adam Smith's *Wealth of Nations* gegeben, die auch zeigt, wie selbstverständlich die Tradition zu seiner Zeit in England geworden war:

„the public safety does not require that the sovereign be trusted with any discretionary power" even for suppressing „the rudest and most licentious remonstrances" because he „ is secured by a well regulated army."[44]

Die bemerkenswerte Annahme, die dem unterliegt, besteht darin, dass in „a steady and thoroughly legal government" wird der Souverän an der Spitze einer Armee „wait to set himself into motion, till he has received leave for that purpose, that is, till he has received leave for that purpose, that is, till he has been trusted with a power for so doing" hat einen der scharfsinnigsten ausländischen Analytiker der englischen Verfassung zu einer einseitigen Diskussion der einzigartigen Position verleitet, die dann in Britannien erreicht wurde. De Lolmes Beschreibung von

„the most characteristic circumstance in the English Government and the most pointed proof of the true freedom which is the consequence of its frame is essentially that in England „all the individuals' actions are supposed to be lawful till the law is pointed out which makes them otherwise ..... The foundation of that law principle or doctrine which confines the exertion of the power of the government to such cases only as are expressed by a law in being," though tracing back to Magna Carta, was only put into actual force by the abolition of the Star Chamber: „and it has appeared by the event, that the very extraordinary restriction upon governing authority we are alluding to, and its execution, are no more than what the intrinsic situation of things, and the strength of the constitution can bear."[45]

Der vollständigste Bericht über den Sinn der ganzen Doktrin, den ich kenne, findet sich in dem Kapitel „On the Administration of Justice" in des Erzdiakon Paley's Principles of Moral and Political Philosophy:

„The first maxim of a free state is that the laws be made by one set of men, and administered by another: in other words, that the legislature and the judicial character be kept separate. When these offices are united in the same person or assembly, particular laws are made for particular cases, springing often times from partial motives and directed to private ends: whilst they are kept separate, general laws are made by one body of men, without foreseeing whom they will affect, and, when made, must be applied by other, let them affect whom they will... When the parties and interests to be affected by the laws were known, the inclination of the law makers would inevitably attach to one side or the other: and where there were neither any fixed rules to regulate their determinations, nor any superior power to control the proceedings, these incl inations would interfere with the integrity of public justice. The consequence of which must be, that the subjects of such a constitution would live either without constant laws, that is without any known preestablished rules of adjudication whatever: or under laws made for particular persons, and partaking of the contradictions and inequity of the motives to which they owed their origin.

Which danger, by the division of legislative and judicial functions, are in this country effectually provided against. Parliament knows not the individual upon whom its acts will operate: it has no case or parties before it: no private designs to serve: consequently, its resolutions will be suggested by the consideration of universal effects and tendencies, which always produce impartial, and commonly advantageous regulations."[46]

Obwohl der letzte Teil von Paley's Darstellung zurückhaltenden Optimismus ausstrahlt, den wir schwierig zu teilen finden, scheint mir die Passage von großer Bedeutung zu sein, weil sie meines Wissens zum ersten Mal alle Elemente zusammen bringt, die im 19. Jahrhundert unter dem Namen Herrschaft des Gesetzes als gegeben galten. In der Tat, sie tut mehr: Indem sie das Kriterium der unvorhersehbaren Wirkungen eines Gesetzes auf besondere Menschen erwähnt, liefert sie die klarste Aussage über ihren Zweck, die ich je gefunden habe. Ich werde auf diesen Punkt in meiner systematischen Diskussion des gesamten Komplexes von Prinzipien zurück zu kommen haben, die eine Herrschaft des Gesetzes sicher stellen. Bevor ich dies tun kann, muss ich diese Skizze seiner Evolution beenden.

Was England angeht, ist diese Entwicklung hauptsächlich mit dem Ende des 18. Jahrhunderts abgeschlossen. Es gibt einige wenige Beiträge von Bedeutung, die allgemein sind, wie etwa John Austins Bemühungen, eine scharfe Unterscheidung zwischen echten Gesetzen, die allgemein sind, und Befehlen oder Anweisungen, die gelegentlich oder besonders sind.[47] Aber im Ganzen ist die Herrschaft des Gesetzes im England des 19. Jahrhunderts nicht länger problematisch; sie wurde selten diskutiert bis zu seinem Ende. Obgleich die Ergebnisse dieser Entwicklung merkwürdig unvollständig blieben, wurde das, was erreicht wurde, eine fest akzeptierte politische Tradition, die bis in unsere Zeit nicht wieder ernsthaft herausgefordert wurde.

6. Die Grundlage der Freiheit in Amerika

Die Aufgabe, diese Entwicklung zu systematisieren und abzuschließen, wurde hauptsächlich von kontinentalen und in erster Linie von französischen Autoren bewältigt, die sich bemühten, der Welt zu erläutern, was England erreichte. Obwohl die Arbeit von einigen von ihnen, besonders die von Montesquieu, ihrerseits einen beachtlichen Einfluss auf die Entwicklung in England und besonders in den Vereinigten Staaten hatte, (die Passage von Paley, die ich zitierte, zeigt diesen Einfluss) werde ich zumindest kurz aufzeigen, wie sehr die englische Tradition in diesen Dingen die amerikanische Auffassung von Freiheit beeinflusste, bevor ich in meiner nächsten Vorlesung diese kontinentale Entwicklung betrachte. Es gibt besonders drei Punkte, die hier von Bedeutung sind: Erstens, die große Rolle welche die Formulierung „government of laws and not of men" in der amerikanischen Tradition spielte. Sie erscheint in der Verfassung von Massachusetts von 1780[48], in den Entscheidungen des obersten Richters Marshall[49] und in vielen anderen Entscheidungen bis in die heutige Zeit. Zweitens Anstrengungen, gemacht in vielen der Verfassungen der Staaten der Union, eine scharfe Linie zu ziehen zwischen wahren Gesetzen und spezifischen Anweisungen - und in der Tat auch ihr häufiges, ausdrückliches Verbot von rückwirkenden Gesetzen. Drittens, das interessante Erscheinen, wiederum in einer Entscheidung des obersten Richters Marshall, die Betonung der charakteristischen Unvorhersehbarkeit der Wirkung von unparteiischen Gesetzen[51]. Es trifft zu, dass der berühmte Satz über die „general laws, form upon deliberation under the influence of no resentment and without knowing upon whom they will operate" sich in erster Linie nur auf das Strafrecht bezieht. Aber seine Bedeutung ist viel breiter.

Es gibt jedoch einen größeren ursprünglichen amerikanischen Beitrag zur ganzen Tradition, den ich erwähnen muss, und der später von den Franzosen übernommen und der von ihnen in die meisten Verfassungen von Kontinentaleuropa aufgenommen wurde: Es ist der Versuch, ausdrücklich die freie Sphäre eines Individuums durch das Gesetz einzugrenzen und in eine geschriebene Verfassung aufzunehmen. Wir werden später sehen, wie wichtig das ist, wenn dem Schutz des Individuums vor willkürlichem Zwang eine definitive Bedeutung beigemessen wird. Gegenwärtig werde ich mich damit zufrieden geben, die Bedeutung dieser Bill of Rights durch ein Zitat aus einer kürzlich erschienen Entscheidung zu belegen:

> *„The very purpose of a Bill of Rights, wrote the late Justice Jackson, was to withdraw certain subjects from the vicissitudes of political controversy, to place them, beyond the reach of majorities and officials and to establish them as legal principles to be applied by the courts. One's right to life, liberty and prosperity, free speech, a free press freedom of worship and assembly, and other fundamental rights may not be submitted to the vote, they depend on the outcome of no elections."*[52]

Ich werde keineswegs in eine Diskussion der besonderen Verfahrensvorkehrungen eintreten, die als Ergebnis der „due process" - Klausel der Bill of Rights in früheren Zusätzen von der amerikanischen Rechtsprechung aufgebaut wurden. Ich will lediglich sagen, dass wegen der unglücklichen Wortwahl für diese Klausel sich die amerikanische Diskussion während der letzten hundert Jahre, noch mehr als es für die englische Tradition zutrifft, mehr Ermessensfragen zugewandt hat als dem, was abgesichert werden soll -obgleich vielleicht letzteres wirksamer durch das Gesetz festgelegt werden kann. Mein Anliegen wird sich durchgehend nicht auf besondere Rechtsnormen eines beliebigen Landes beziehen, sondern solchen Merkmalen gelten, auf die sich während des 19. Jahrhunderts amerikanische Richter als „the essential features of all free governments" zu beziehen gewöhnten und was ein großer englischer Jurist am Ende des Jahrhunderts beschreiben konnte als „the normal and necessary marks, in civilized commonwealth, of justice administrated according to the law."[53]

Lassen Sie mich die allzu kurze Diskussion der amerikanischen Tradition durch ein Zitat von einem der großen Gründer der amerikanischen Republik beenden, der klarer als irgend jemand die abschließenden Betrachtungen ausgedrückt hat, aus denen auch das folgt, was ich gesagt habe. Es war Thomas Jefferson, der nun merkwürdigerweise als Befürworter unbeschränkter Macht einer demokratischen Regierung dargestellt wird, der schrieb:

"free government is founded in jealousy, and not in confidence, it is jealousy and not confidence which prescribes limited constitutions, to bind down those we are obliged to trust with power: our Constitution has accordingly fixed the questions of power, and no further, our confidence may go... In questions of power, then, let no more be heard of confidence in man, but bid him down from mischief by the chains of the Constitution"[54]

VORLESUNG II

LIBERALISMUS UND VERWALTUNG: DER RECHTSSTAAT

> *„Nothing is more fertile in prodigies than the art of being free: but there is nothing more arduous than the apprenticeship of liberty, ... Liberty is generally established with difficulty in the midst of storms; it is perfected by the civil discord; and its benefits cannot be known until it is already old.“*
>
> A de Tocqueville[1]

7. Montesquieu, Rousseau und die französische Revolution

Lange bevor die Entwicklung in den Ländern des Common Law einen Punkt erreicht hatte, an dem ich meine letzte Vorlesung verließ, hatten kontinentale und besonders französische Autoren begonnen, es ihren Landsleuten auszulegen. In der Tat war auf seiner politischen Seite die „Aufklärung“ von Voltaire an kaum mehr als eine Verbreitung des Ideals der Freiheit, wie ihre Führer sie in England realisiert sahen. Die Auslegung eines Bündels von Traditionen, die dort durch Generationen im politischen Kampf entstanden waren, hatten unvermeidlich eine künstliche Schematisierung und Idealisierung zur Folge. Wie auch immer gut der Satz von Institutionen in England in einem Umfeld von Traditionen und Überzeugungen funktionierte, zu denen er gehörte, seine Entwicklung hatte einige fremde Lücken gelassen. Jeder Versuch einer „rationalen Rekonstruktion“, wie es arbeitete und was es erreichte, erforderte, dass Grundsätze explizit gemacht wurden, wenn die Institutionen einfach in eine andere Atmosphäre übertragen wurden. Nicht nur, dass die englische Tradition niemals ausdrücklich solche offensichtlichen Schlussfolgerungen aus ihren grundlegenden Idealen gezogen hätte, wie die formale Anerkennung des Prinzips nulla poena sine lege; auch hatte sie bis vor kurzem versagt, dem Bürger eine wirksame Hilfe gegen Verstöße, die ihm durch den Staat (im Unterschied zu seinen individuellen Agenten) zugefügt wurden und es mangelte an nahezu jeglichen eingebauten Sicherungen gegen die Verletzung der Herrschaft des Gesetzes durch Routinegesetzgebung. Diese Anomalien konnten den kontinentalen Analytikern nicht entgehen, die durch wohlüberlegte Rechtsprechung hofften auszugleichen und zu verbessern, was Britannien durch langsames Wachstum erreicht hatte.

Ich habe bereits die Arbeit des größten dieser politischen Theoretiker, Montesquieu, erwähnt, wegen des großen Einflusses, den sie sogar in England und Amerika ausübte. Es wird nun häufig behauptet, dass die berühmteste seiner Doktrinen, die der Gewaltenteilung, die englische Verfassung fehlinterpretiert; und was die aktuelle Position in

England angeht, trifft das in etwa zu. Aber es kann keine Frage sein, dass wenn man sie zu erklären sucht, drückte er lediglich ein Ideal aus, das er in der englischen politischen Literatur gefunden hatte und das, wenn nicht als ein anerkanntes Verfassungsprinzip, so doch als eines der leitenden Ideale hinter ihm, großen Einfluss auf die englische Evolution gehabt hat.[2] In meiner nächsten Vorlesung werde ich zu zeigen haben, in welchem Masse und in welchem Sinn dieses große Prinzip ein wesentliches Element der Herrschaft des Gesetzes ist.

Kaum weniger bedeutend in der Entstehung unseres Ideals war der zweite der großen politischen Denker der französischen revolutionären Periode, Jean-Jacques Rousseau. Jedoch viele Tendenzen, die ganz in die entgegengesetzte Richtung führten, mögen aus seinem Werk hervorgegangen sein. Sein mehrdeutiges Konzept des „allgemeinen Willens" führte zu wichtigen Ausarbeitungen eines unserer grundlegenden Konzepte. Dieser „allgemeine Wille", der zur Grundlage des Rechts werden sollte, war allgemein in zweierlei Hinsicht. Um Recht zu sein, hatte es allgemein zu sein, nicht nur im Sinne von Ausdruck des Willens der Mehrheit, sondern auch der Absicht nach, wie dies Rousseau in einer klassischen Passage seines *Contrat Social*:

> „*When I say that the object of laws is always general, I mean that the Law always considers the subject in the round and actions in the abstract and never an individual man or one particular action. For instance, a law may provide that there shall be privileges, but it must not name the persons who are to enjoy them; the law may create several classes of citizens and even designate the qualifications which will give entry to each class, but it must not nominate for admission such and such persons; it may establish a royal government with a hereditary succession, but it must not select the king or nominate a royal family; in a word: anything that relates to a named individual is outside the scope of legislative authority.*"[3]

Es war in der Tat während der französischen Revolution, als diese Ideen plötzlich zu lebenden Kräften wurden. Darin steckt ein großer Teil Wahrheit, zumindest insofern, was den Beginn der Revolution und die Ziele der gemäßigten Gruppen angeht, wenn der Historiker Michelet dies mit dem denkwürdigen Satz als „*l'avènement de la loi*"[4] beschreibt. Vieles von seinem Werk wurde durch das Ideal der Regierung des Gesetzes[5] beeinflusst und ein großer Teil der Schriften des führenden Theoretikers Condorcet und der verschiedenen verfassungsgebenden Organe war mit Fragen befasst, die ganz am Herzen der Sache lagen, wie etwa die Unterscheidung zwischen Gesetzen im Sinne von allgemeinen Regeln und lediglich Befehlen. Einige der Verfassungsentwürfe versuchten Definitionen des Gesetzes in diesem Sinne in ihren Rahmen aufzunehmen[6] und das gesamte Konzept, das dem zu Grunde lag, wird vielleicht am besten in einer Passage von Condorcet zum Ausdruck gebracht:

> „*L'exécutif a pour fonction de faire un syllogisme dont la loi est la majeure; un fait plus moins général, la mineure; et la conclusion, l'application de la loi. Par exemple, chaque citoyen sera tenu de contribuer à la dépense nécessaire pour les besoins publics; proportionnellement au produit net de sa terre; voilà une loi. Telle dépense doit faire partie de besoins publics; voilà un fait. Donc, chaque citoyen doit contribuer à cette dépense, voilà, l'application de la loi*"[7]

Dieses Verständnis von Recht und von Gewaltenteilung zusammen mit den Garantien der Menschenrechte, welche die *Déclaration des droits de l'homme et du citoyen* waren beide zusammen zu wesentlichen Teilen jeglicher Verfassung[8] erklärt und zielten vollständig auf die Errichtung einer strikten Herrschaft des Gesetzes.

Obwohl die französische Revolution weitgehend durch das Ideal der Herrschaft des Gesetzes inspiriert war, ist es zweifelhaft, ob sie tatsächlich half, diesem Ideal nahe zu kommen. In ihrem Verlauf gewannen zu viele verschiedene Bestrebungen Einfluss, bei denen es schwierig war, sie mit diesem Ideal in Einklang zu bringen. Vielleicht wird keine Revolution, selbst wenn es ihr Ziel ist, das Gesetz zum Herrscher zu machen, wahrscheinlich den Respekt vor dem Gesetz erhöhen. Und wenn die Regierung streng an das Gesetz gebunden wäre, macht es dies schwieriger, schnelle Ergebnisse zu erzielen. In der Tat öffnet der Wunsch, die strenge Regel des Gesetzes durch Gleichheit abzulösen, schon bald wieder die Türen für jene Willkür, gegen die die Revolution ursprünglich gerichtet war. Vielleicht jedoch der wichtigste Faktor, der das Streben nach der Herrschaft des Gesetzes abschwächte, war das Empfinden, dass letztlich die Kontrolle jeglicher Macht in die Hände des Volkes gelegt worden war, alle Sicherungen vor Missbrauch dieser Macht unnötig geworden waren. Das Beharren der gewählten Volksvertreter auf ihren ausschließlichen Rechten machte sie noch mehr bemüht, sicher zu stellen, dass die Exekutivorgane ihren Willen in jeder Hinsicht vollziehen sollten als dass das Individuum vor der Machtausübung der Exekutive geschützt werden sollte. In der späteren Phase der Revolution begannen jedoch die Vorläufer des modernen Sozialismus ihre Stimme gegen das ganze Prinzip von lediglich formaler Gleichheit vor dem Gesetz zu erheben und forderten *égalité de fait* statt lediglich *égalité de droit*.

8. Kant und der deutsche Rechtsstaat

Im Gegensatz zu verbreiteten Überzeugungen lieferte Preußen im 18. Jahrhundert ein günstiges Klima für die Annahme des Prinzips der Herrschaft des Gesetzes. Es war lediglich später, während der Reaktion des zweiten Quartals des 19.Jahrhunderts, als das Land als Archetypus des Polizeistaats angesehen wurde, gegen den die Gewehre der liberalen Bewegung gerichtet waren. Unter dem aufgeklärten Despotismus des 18.Jahrhunderts war seine Regierung in mancher Hinsicht bemerkenswert liberal und dies auf keinem anderen Gebiet mehr als auf dem des Rechts. Symptomatisch in dieser Hinsicht ist die weite Verbreitung der Legende vom Müller von Sans-Souci: Wie jedes deutsche Kind weiß, war Friedrich II vermutlich verärgert über eine alte Windmühle nahe seinem Palast von Sans-Souci, die sein Aussehen beeinträchtigte, was schließlich dazu führte, dass der Müller mit Ausweisung bedroht wurde. Vom Müller wird erzählt, dass er sagte, „wir haben immer noch Gerichte in Preußen."[10] Das legt eine Beschränkung königlicher Macht nahe, von der ich nicht sicher bin, ob sie auf die heutigen Oberhäupter demokratischer Staaten anwendbar ist. Ein Wink zu ihren Stadtplanern würde schnell zu einer zwangsweisen Entfernung eines solchen Schandflecks führen

- dies in der Tat im Öffentlichen Interesse und nicht, um irgendeines anderen Laune zu entsprechen!

Nicht weniger wichtig als dieser politische Hintergrund war die philosophische Atmosphäre, in der die deutsche liberale Bewegung aufwuchs. Deutsche Autoren sind gewöhnt, die Theorien von Immanuel Kant an den Beginn ihrer Darstellung der Bewegung für den Rechtsstaat zu stellen. Aber obwohl mir dies Originalität und Einfluss seiner Rechtsphilosophie zu überschätzen scheint, kann kein Zweifel daran bestehen, dass seine allgemeineren Auffassungen sehr bedeutsam für diese Entwicklung waren. Sein berühmter „kategorischer Imperativ" ist in der Tat wenig mehr als eine Ausdehnung der grundlegenden Idee, die der Herrschaft des Gesetzes unterlag, auf das Gebiet der Moral. Das Prinzip, dass du immer nur nach der Maxime handeln sollst, wobei du gleichzeitig wollen sollst, dass es ein universales Gesetz werden soll[12], ist genau das. Wie die Herrschaft des Gesetzes liefert es in der Tat ein Kriterium, dem gute Maxime entsprechen müssen und es reicht nicht aus, uns zu befähigen, von ihm abzuleiten, was diese Regeln sein sollten. Kants Ideen auf dem Gebiet des Rechts wurden weiter entwickelt und weit verbreitet durch seinen Nachfolger, der führende Philosoph von Deutschland, J.G. Fichte, der in seiner frühen liberalen Periode mit diesen Problemen besonders befasst war.[13]

Bedeutsam ist auch die Tatsache, dass Friedrich II mit seinem Zivilkodex von 1751 jene Bewegung für die Kodifikation alter Gesetze auslöste, die sich bald ausbreitete und ihr bekanntestes Ergebnis mit den napoleonischen Kodizes (1800 - 1810) erreichte. Diese ganze Bewegung ist eines der bedeutendsten Teile der kontinentalen Bestrebungen, die Herrschaft des Gesetzes zu errichten und sie bestimmte beides, sowohl ihren besonderen Charakter als auch ihre Fortschritte, welche sie zumindest in der Theorie gegenüber dem Prototyp in den Ländern des Common Law erzielte. In der Tat, sogar der Besitz der perfektesten entworfenen Gesetze kann kein adäquates Substitut für eine tief verwurzelte Tradition sein, und die Vorteile, die erstere gewähren, mögen letztere nicht überwiegen. Aber dies sollte uns nicht blind machen gegenüber der Tatsache, dass es einen inhärenten Konflikt zwischen einem System des Fallrechts und dem Ideal der Herrschaft des Gesetzes gibt. Da der Richter unter dem Fallrecht ständig neues Recht schafft, kann das Prinzip dass er letztlich zuvor bestehende Regeln anwendet, jenes System sogar weniger angenähert werden als wo das Gesetz kodifiziert ist, und obwohl die sehr gelobte Flexibilität des Common Law die Entstehung der Herrschaft des Gesetzes begünstigt haben mag, solange wie die öffentliche Meinung in diese Richtung tendierte, zeigt das Common Law, was ich bedaure, wenig Widerstand gegen seinen Verfall, sobald die Wachsamkeit schwindet, die alleine die Freiheit am Leben erhalten kann.

Die Hauptkraft, die zur Kodifikation auf dem Kontinent führte, war die Nachfrage nach größerer Bestimmtheit des Rechts und der Wunsch nach seiner Änderung in Richtung von perfekterer Allgemeinheit der Gleichheit. Eine der ersten Früchte davon war bezeichnend die ausdrückliche Anerkennung des Prinzips, dass keine Handlung als ein Verbrechen behandelt oder bestraft werden muss, die nicht als solche in einem zuvor bestehenden Gesetz erklärt wurde. Das Prinzip wurde zuerst formal anerkannt durch das österreichische Strafgesetzbuch von 1787[15] und fand dann seinen Weg in die Erklärung der Menschenrechte von 1789[16]. Die berühmte lateinische Redensart *nullum crimen, nulla poena sine lege* wird dem deutschen Juristen Anselm Feuerbach zugeschrieben, der nicht viel später das Prinzip in einer einflussreichen Abhandlung über Strafrecht entwickelte.[17]

Doch der wichtigste Beitrag, den das Preußen des 18. Jahrhunderts zur Entwicklung der Herrschaft des Gesetzes leistete, war auf dem Gebiet der Kontrolle der Verwaltung[18]. Hier war die Aufgabe, der die kontinentalen Länder gegenüber standen, sehr verschieden von der, welcher die Engländer im vorangegangenen Jahrhundert zu begegnen hatten, und die Lösungen, die auf dem Kontinent versucht wurden, waren aus diesem Grund in mancher Hinsicht von größerer Bedeutung für die heutigen Probleme als die englischen Institutionen. Während die Herrschaft des Gesetzes in England erreicht wurde, bevor die ausgearbeitete Verwaltungsmaschinerie des modernen Staates entstanden war, die später sein Wachstum behinderte oder verzögerte, war es an den kontinentalen Ländern, eine Herrschaft des Gesetzes zu errichten, als ein hoch entwickelter administrativer Apparat bereits bestand. Da sie nicht wünschten, sich der Vorteile zu entledigen, die sie von dieser Maschinerie, welche die absoluten Monarchen aufgebaut hatten, bestand ihr Problem darin, eine arbeitende Bürokratie mit einer großen Vielfalt fest etablierter Funktionen unter die Herrschaft des Gesetzes zu bringen. In Frankreich führte nach der Revolution eine überrigide Interpretation der Gewaltenteilung tatsächlich dazu, dass die Verwaltung weitgehend von solch einer Kontrolle befreit wurde und es zur Fortführung jener Unabhängigkeit der Verwaltung von juristischer Überprüfung kam, wie sie vor der Revolution bestanden hatte. Preußen hingegen ging das Problem bereits im 18. Jahrhundert mit großer Gründlichkeit an, und trug viel dazu bei, die Ideale zu formen, welche die liberale Bewegung des 19. Jahrhunderts leiteten. In der Tat, in seinem weitreichendsten Experiment auf diesem Gebiet, einem Gesetz von 1797, das sich auf seine neuen Provinzen im Osten bezog, ging Preußen so weit, alle Streitigkeiten zwischen Verwaltungsbehörden und privaten Bürgern der Rechtsprechung ordentlicher Gerichte zuzuweisen. Es schuf dabei einen der Prototypen, auf den sich die Diskussion des 19. Jahrhunderts über den Rechtsstaat konzentrieren sollte. Diese Anfänge verschwanden jedoch wieder und während dem Höhepunkt der liberalen Agitation für den Rechtsstaat von etwa 1830 bis 1860 war Preußen in der Tat sehr weit entfernt von einem Modell, das zur Nachahmung hochgehalten werden konnte.

Bis zum Ende dieser Periode war der deutsche Beitrag zum Ideal der Herrschaft des Gesetzes in der Tat weitgehend theoretisch und in einigem Maße blieb das so, da es den Deutschen niemals gegeben war, das Ideal vollständig zu realisieren, welches sie ausgearbeitet hatten. Aber wir sollten den Wert ihres theoretischen Beitrags nicht unterschätzen. Die allmähliche Entwicklung der Auffassung vom Rechtsstaat -weitgehend die Arbeit von deutschen Gelehrten - hatte einen tiefgehenden Einfluss auf die gesamte kontinentale Tradition und die bloße Tatsache, dass diese Auffassung als *état du droit* oder *stato di diritto* in die französische und italienische Rechtsterminologie einging, zeigt das Ausmaß dieses Einflusses. Der deutsche Ausdruck erscheint meist noch mit einer ziemlich unbestimmten Konnotation in einer deutschen Abhandlung von 1813[19] und erhielt definitiv Bedeutung und weite Verbreitung durch Robert Mohl, der 1824 in einer beachtenswerten Studie der Verfassung der Vereinigten Staaten[20] sie als Beispiel für einen hochentwickelten Rechtsstaat aufgriff und der dann in den folgenden dreißig Jahren unermüdlich seine Prinzipien ausarbeitete und erklärte[21].

9. Die kontinentale liberale Bewegung

Die bedeutende Periode in der Entwicklung des kontinentalen Liberalismus, die vierte und fünfte Dekade des 19. Jahrhunderts, ist auch die Periode, in der sie sich enger mit der Bewegung für den Rechtsstaat verband. In der Tat, es kann gesagt werden, dass letzterer zu seinem Hauptgegenstand wurde. In Frankreich ist dies etwa die Periode der Juli-Monarchie und für eine Zeit schien es, dass sie unter seinem „Bürgerkönig“ so weit gehen würde, das Ideal zu realisieren. Benjamin Constant, Guizot und die Gruppe der sogenannten „Doktrinäre“ hatten eine Doktrin von *garantisme* entwickelt, ein System von Überprüfungen entworfen, um die Rechte des Individuums gegen den Übergriff des Staates zu schützen, die in einem vollständigen Bericht über die Geschichte des Ideals der Herrschaft des Gesetzes einen guten Teil des Platzes einnehmen würde[22]. König Louis Philippe selbst schien am Beginn seiner Herrschaft die Errichtung der Herrschaft des Gesetzes als ihn leitendes Ideal proklamieren zu wollen, wie er in einer öffentlichen Ansprache feststellte:

> „*La liberté ne consiste que dans le règne des lois. Que chacun ne puisse être tenu de faire autre chose que ce que la loi exige de lui, et qu'il puisse faire tout ce que la loi n'interdit pas, telle est la liberté. C'est vouloir la détruire que de vouloir autre chose.*“[23]

Aber in der Tat wurde diese Gelegenheit wenig genutzt, um die französische Institution an das Ideal anzupassen. Die vorrevolutionären Institutionen auf dem Gebiet der Verwaltung erwiesen sich zu stark für die ideologische Bewegung, um viel Eindruck zu machen, und am Ende diskreditierte das Verschwinden der Juli-Monarchie mit der Revolution von 1848 vorzeitig seine Ideale. Weder die Herrschaft von Napoleon III noch die dritte Republik lieferten ein sehr günstiges Klima für ihr weiteres Wachstum. Nicht dass es einige Entwicklungen in dieser Richtung gab, die es verdienten, besser verstanden zu sein[24].Aber ich habe keine Zeit, hier die Entwicklungen sowohl in Frankreich als auch in Deutschland zu diskutieren und da aus einer Reihe von Gründen Entwicklungen in Deutschland mir sowohl wenig bekannt und bedeutend erschienen, werde ich mich für den Rest der Vorlesung auf sie konzentrieren.

In Süddeutschland[25] wurde der Charakter der Bewegung weitgehend durch die Tatsache bestimmt, dass die intellektuellen Führer der gesamten liberalen Agitation dieser Zeit zwei Verfassungsrechtler waren, Carl von Rotteck und K.T. Welcker (der Mann, der das Wort Rechtsstaat geprägt zu haben schien) und der Mohls Rechtsstaatsideal mit Vorstellungen, genommen von B. Constant und Guizot, kombinierte. Eine Art von politischer Enzyklopädie, die sie herausgaben, in der jene Ideale dargelegt wurden, wurde zu einer Art Handbuch für die gesamte liberale Bewegung. Allmählich rückte das Rechtsstaatsverständnis vor die ursprüngliche Opposition der Konservativen und gewann zunehmend Raum, selbst in offiziellen Berichten. Zum Beispiel finden wir bald den Präsidenten des obersten Gerichtshofs eines der süddeutschen Staaten beim argumentieren, wenn immer eine Frage auftaucht, ob irgendwelche privaten Rechte wohlbegründet sind und durch eine offizielle Handlung verletzt wurden, die Sache durch ordentliche Gerichte entschieden werden müsse[27]. Der Erfolg der Doktrin kann am besten an der Tatsache gemessen werden, dass sie sogar in eine Untersuchung zur Rechtsphilosophie von einem Mann Eingang fand, der Führer der Erzkonservativen in Preußen wurde. G.F. Stahls Definition des Rechtsstaats wird in der Tat wohl häufiger zitiert als irgend eine andere und sie wird mir Gelegenheit geben, einen verbreiteten Fehler zu korrigieren, den ich nochmals zitieren werde:

> „*The state,*“ schrieb er 1837[28], „*should be a state of law (Rechtsstaat) this is the watchword and, in truth, also the tendency of recent times. It should exactly and irrevocably determine and secure the directions and the limits of its activity and the free sphere of the citizen, and not enforce on its own behalf or directly moral ideas beyond the sphere of the law. This is the conception of the „Rechtsstaat“ and not that the state should confine itself to administer the law and pursue no administrative purposes or only protect the rights of the individual. It says nothing about the content or aim of the state but defines only the manner and method of achieving them*“.

Die Einschränkungen, die dieser Definition hinzugefügt wurden, waren gut gerechtfertigt durch die Verwechslung von dem Argument, dass der Staat beim Ausüben von Zwang streng durch Gesetz gebunden sein soll mit der Behauptung (repräsentiert durch W. von Humboldts *Essay über the Sphere Duties of Governmemt* und vielen anderen Nachfolgern von Kant), dass die Durchsetzung des Gesetzes seine einzige Tätigkeit sein sollte. Das Rechtsstaatprinzip hat nicht nur Bezüge zu Zwangshandlungen des Staates und hat nichts über andere Herrschaftsaktivitäten zu sagen, die keinen Zwang beinhalten. Diese korrekte Ansicht muss in der Tat nicht genommen werden, um zu sagen, wie das später geschah, dass alles, was erforderlich ist, ist die Rechtmäßigkeit jeglichen Regierungshandelns.

Wie allgemein das Ideal Mitte des Jahrhunderts akzeptiert worden ist, wird durch den Verfassungsentwurf für Deutschland gezeigt, der durch das Frankfurter Parlament 1848 angenommen wurde. Er verfügte, dass jegliche Verwaltungsgesetzgebung (im Sinne, wie dieser Ausdruck damals verstanden wurde) zu beenden und alle Verletzungen privater Rechte zu beenden durch Gerichtshöfe zu überprüfen seien[29]. Diese Verfassung wurde niemals Gesetz und der Kampf um eine befriedigende Regulierung dieser Probleme hielt an. Er war weitgehend gerichtet gegen den Zustand, der in Preußen entstanden war, das sich während der Periode der Reaktion zu einem berüchtigten Beispiel eines Polizeistaates entwickelt hatte, das dem Ideal eines Rechtsstaates ständig gegenüber gestellt wurde. Der Führer des norddeutschen Kampfes für den Rechtsstaat, der sich mehr auf das englische Modell und auf ältere deutsche Traditionen als auf das französische Beispiel bezog, war der preußische Parlamentarier Eduard Lasker, der „Idealist des Rechtsstaates“, wie er genannt wurde, einer von Bismarcks meist gehassten Feinden. Seine Schriften über den Gegenstand sind wichtig wegen des lebhaften Bildes, das sie über das Ausmaß unkontrollierter und willkürlicher Verwaltung gaben, das in Preußen der 1860iger zurück gekehrt war.

Auf der theoretischen Seite fand diese Phase der Entwicklung ihren Abschluss mit den Arbeiten des berühmten Rechtstheoretikers Otto von Giercke[31] und die spezielle Studie, die dem Rechtsstaat gewidmet war, durch O. Bähr[32]. Es war charakteristisch für diese Phase, dass sie irgendwie auf das englische Modell zielte, indem sie die gesamte Kontrolle des Verwaltungshandelns gewöhnlichen Gerichten übertrug. Diese Auffassung vom Rechtsstaat, der später gewöhnlich als „Justizialismus“[33] bezeichnet wurde, wurde jedoch bald von anderen Auffassungen abgelöst.

10. Theorie und Praxis in der kontinentalen Verwaltung

Es gibt zwei unterschiedliche Gründe, warum argumentiert werden kann, dass gewöhnliche Rechtsprechung und rechtliche Kontrolle von Verwaltungshandeln voneinander getrennt sein sollten. Obwohl sie beide letztlich zur Errichtung eines Systems von Verwaltungsgerichten in Deutschland führten (und wahrscheinlich auch zur Bewahrung des französischen Systems des *droit administratif*) und obgleich sie häufig verwechselt werden, sollten sie deutlich getrennt gehalten werden, da sie auf sehr verschiedene und sogar unvereinbare Ziele abstellen.

Ein Argument ist, dass die Art von Problem, das durch Streitigkeiten über Verwaltungshandeln aufgeworfen wird, Wissen sowohl vom Recht als auch von der Sache erfordert, das zu besitzen von einem gewöhnlichen Richter, der hauptsächlich im Privat- und Common Law ausgebildet ist, nicht erwartet werden kann. Es ist ein sehr starkes und wahrscheinlich schlüssiges Argument. Aber es führt zu keiner größeren Trennung von Verwaltungs- und gewöhnlichen Gerichten als es der Fall ist bei getrennten Straf- und Handelsgerichten (oder bei der Admiralität und der Scheidungsabteilung des obersten Gerichts in London). Solche getrennten Verwaltungsgerichte können immer noch unabhängig von der Regierung sein, wie die Zivilgerichte ausschließlich mit der Ausübung des Rechts befasst sein konnten, d.h. mit der Anwendung und Sammlung von zuvor bestehenden Regeln.

Getrennte Verwaltungsgerichte können andererseits als notwendig erachtet werden, weil geglaubt wird, dass durch Unterschiede zwischen der Legitimität von Verwaltungsakten nicht einfach wie Rechtssachen entschieden werden kann, sondern immer Fragen der Politik oder Zweckdienlichkeit von Verwaltungsakten beinhalten. Solche Gerichte werden mit den Zielen der Regierung im Augenblick befasst sein und können nicht vollständig unabhängig sein, sondern Teil eines Verwaltungsapparates, der den Anweisungen seiner Führungsspitze unterworfen ist. Mit ihnen wird nicht so sehr berücksichtigt, das Individuum vor Übergriffen durch die Regierung auf seine private Sphäre zu schützen als sicher zu stellen, dass dies nicht gegen die Absichten und Anweisungen der Regierung getan wird. Sie sind somit eine Vorkehrung, sicher zu stellen, dass die nachgeordnete Behörde den Willen der Regierung ausführt (einschließlich den der Gesetzgebung, soweit sie darüber hinausgeht, allgemeine Regeln festzulegen) als ein Mittel zum Schutz für das Individuum.

Die Unterscheidung wäre klar genug gewesen zu einer Zeit, als ein Satz detaillierter Regeln bestand, um die Handlungen der Verwaltung zu lenken und zu begrenzen. Aber sie wird unvermeidlich verwischt, wenn die Verwaltungsgerichte in einer Zeit errichtet werden, in der die Formulierung dieser Regeln die Aufgabe ist, die von einer zukünftigen Gesetzgebung und Rechtsprechung erfüllt werden soll. In diesem Fall wird es erforderlich, solche Rechtsnormen zu formulieren, die bisher lediglich interne Verwaltungsregeln gewesen wären, und es wird in solch einer Situation zunehmend schwierig werden, zu unterscheiden zwischen dem, was in der Tat den Charakter allgemeiner Regeln hat, und dem, was lediglich die besonderen Ziele der Politik sind.

Das war jedoch im Wesentlichen die Position in Deutschland als in den 1860igern und 1870igern eine Reihe von Versuchen unternommen wurde, das lange in Ehren gehaltene Ideal des *Rechtsstaates* in die Praxis umzusetzen. Das Argument, das überzeugte und das schließlich die lange aufrecht erhaltenen Argumente des Justizialismus verdrängte, war das Argument, dass es nicht praktikabel war, gewöhnliche Richter, die hauptsächlich mit Zivilsachen befasst waren, mit hoch technischen Sachverhalten zu befassen, die in Streitigkeiten über das Verwaltungshandeln auftreten würden. Die neuen Verwaltungsgerichte, die dann geschaffen wurden, waren jedoch gedacht, unabhängige Gerichte zu sein, die nur mit Rechtsfragen befasst sind, und es wurde gehofft, dass sie im Laufe der Zeit vollkommene rechtliche Kontrolle des Verwaltungshandelns erreichen würden. In diesem Sinne erschien die Schaffung einer getrennten Verwaltungsrechtsprechung sowohl ihrem damaligen theoretischen Hauptbefürworter, Rudolf Gneist[34] als auch den meisten späteren deutschen Theoretikern des Verwaltungsrechts[35] als ein Schlussstein des Gebäudes des *Rechtsstaates*, als die endgültige Realisierung der Herrschaft des Gesetzes. Es schien lediglich ein geringfügiger und vorübergehender Fehler und es war unvermeidlich und vorläufig, als eine große Zahl von Schlupflöchern für das offen gehalten wurde, was immer noch willkürliches Handeln war, aber, wenn der Verwaltungsapparat funktionieren sollte, hatte er weites Ermessen zu haben, bis eine Gesamtheit von Regeln entwickelt war, die dieses Handeln leitete. Es ist jedoch wichtig, dass zumindest in Preußen, wo das Englische und die heimischen deutschen Traditionen stärker waren, die rechtliche Überprüfung zumindest grundsätzlich auf Fragen ausgedehnt wurde, die in der Ermessensmacht der Verwaltungsbehörden waren, während in Süddeutschland, wo der französische Einfluss vorherrschte, diese von Beginn an ausdrücklich von einer rechtlichen Überprüfung ausgeschlossen waren.[36]

Aber während die Schaffung des Systems von Verwaltungsgerichten von den Zeitgenossen als entscheidender Schritt zum Erreichen der Herrschaft des Gesetzes betrachtet wurde, lag die wichtigste Aufgabe immer noch insofern in der Zukunft, wenn sie Realität werden sollte. Die Überlagerung eines Apparats rechtlicher Kontrolle über einen alten, etablierten bürokratischen Apparat konnte nur wirksam werden, wenn die Aufgabe der Regelsetzung in dem Sinne weiter geführt wurde, wie jener Apparat verstanden wurde. Es geschah jedoch, dass die Schaffung des lang erwünschten Gebäudes des Rechtsstaates zeitlich zusammentraf mit der Aufgabe der Ideen, die das Ideal hatten entstehen lassen. Es ergab sich in der Tat gleichzeitig eine wesentliche Umkehr intellektueller Trends, die nur als die Aufgabe jenes Liberalismus beschrieben werden kann, für den der *Rechtsstaat* das Hauptziel gewesen war. Die 1870iger und 1880iger, während denen in den deutschen Staaten (und auch in Frankreich) das System der Verwaltungsgerichte seine endgültige Form erreichte, war damals auch die Zeit, in der die Bewegung zum Staatssozialismus und den Wohlfahrtsstaat an Boden gewann. Danach bestand wenig Bereitschaft, die Auffassung von einer begrenzten Herrschaft durchzusetzen, der zu dienen die Verwaltungsgerichte entworfen wurden, um durch Rechtsprechung die Ermessensmacht der Verwaltungsbehörden einzuengen, welche die Reform bestehen gelassen hatte. Im Gegenteil bestand eine starke Versuchung, die Schlupflöcher zunehmend auszuweiten, indem Verwaltungsentscheidungen von gerichtlicher Überprüfung ausgeschlossen wurden.

11. Die historistische und positivistische Reaktion

Soweit diese Abkehr von dem Rechtsstaatsideal das Ergebnis neuer Auffassungen von Wirtschafts- und Sozialpolitik waren, wird sie der Hauptgegenstand meiner letzten Vorlesung sein. Heute muss ich kurz einen anderen Einfluss betrachten, der etwa um die gleiche Zeit wirksam wurde, obwohl er mit den anderen Tendenzen verbunden war, die zu untersuchen ich keine Zeit habe. Ich beziehe mich auf die verbündeten Bewegungen von Historismus und Rechtspositivismus, die viel dazu beitrugen, das Ideal der Herrschaft des Gesetzes zu schwächen und das Verständnis seiner Bedeutung zu entleeren.

Ich habe bewusst nicht die enge historische Verbindung erwähnt, die zwischen dem Ideal des *Rechtsstaates* und dem Gesetz der Natur oder *Naturrecht* bestand. Ich habe es vermieden, weil diese Verbindung, obgleich historisch sehr wichtig, die Hauptgegenstände etwas verwirrt. Die Herrschaft des Gesetzes als eine Begrenzung der Macht jeglicher Herrschaft ist in der Tat auch eine Regel, aber wie wir sehen werden, eine außergesetzliche Regel, die selbst kein Gesetz ist, sondern nur als herrschende Meinung über die Eigenschaften, die gute Gesetze besitzen sollten. Es ist eine zu leichte Lösung, dem Prinzip anderswo Existenz zuzuschreiben als in der Überzeugung von Menschen, ihm Bedeutung neben dem menschlichen Willen zuzuschreiben. Es mag dauerhafte Bedeutung in dem Sinne haben, dass jeder, der gewisse grundlegende Werte teilt und der ein Verständnis der menschlichen Angelegenheiten besitzt, das die Erfahrung von Generationen gesammelt hat, es als wünschenswert erkennen wird. Aber das ändert nichts an der Tatsache, dass sein Verständnis einen immer wieder erneuerten Akt des Verstehens und Wollens erfordert und das zu bewahren anhaltende Selbstdisziplin verlangt. Die traditionelle Behandlung der Herrschaft des Gesetzes stellt es jedoch als eine Form höheren Gesetzes dar, das seine Grundlagen anderswo als im Willen des Menschen hatte. Diese Verbindung wurde sehr verstärkt durch die Tatsache, dass die moderne kontinentale Theorie über den Gegenstand (und zum Teil auch englische Ansichten) auf den Begründer der modernen Theorie des Naturrechts, Hugo Grotius zurückführbar sind.[37]

Es war gegen diese scheinbare Begründung des Prinzips der Herrschaft des Gesetzes, gegen die die Kritik der historischen Schule und der Positivisten gerichtet war.

Sie weigerten sich - wohl zu Recht, was das Wort Gesetz im strengen Sinne betraf - die Existenz von dauerhaften und unveränderlichen Gesetzen anzuerkennen, die nicht durch eine gesetzgebende Autorität geändert werden könnten. Beide waren auf ihre Art Schulen von reinen Juristen, die nur daran interessiert waren, was das Gesetz in einer bestimmten Zeit war, und die es nicht als Aufgabe ansahen, zu untersuchen, was das Gesetz sein sollte. Infolgedessen besaßen sie keine Standards, um eine bestimmte Regel zu beurteilen, ausgenommen das Prinzip der Legalität oder Verfassungsgemäßheit. Die Idee der Herrschaft des Gesetzes oder des *Rechtsstaates* implizierte jedoch einen idealen Standard, mit dem die tatsächliche rechtliche Position beurteilt wurde. Es war ein Ideal, in dessen Namen moderne Freiheit erreicht worden war und die angemahnt wurde, weil sie das Bewusstsein der Menschen beherrscht und gelenkt hatte. Wie die meisten herrschenden alten Ideen wurde es beibehalten, nicht weil seine Begründung voll verstanden wurde, sondern weil der Erfolg der Gruppen und Zivilisationen, die sich daran hielten, sie zur Vorherrschaft brachte. Es war Teil jenes Sinns für Gerechtigkeit geworden, den ein Prozess der natürlichen Selektion zwischen Gesellschaften hervorruft, indem er jene gedeihen lässt, die Auffassungen entwickelt haben, die der besten Nutzung der Möglichkeiten der Mitglieder zuträglich sind.

Der historische Ansatz, der versuchte, die Entwicklung von Recht durch die Bedürfnisse und Ziele der jeweiligen Zeit zu erklären, neigte dazu, den Glauben an solche Prinzipien zu zerstören, denen alle Gesetze zu entsprechen hätten. Mit seiner Betonung der Veränderlichkeit des Rechts ermutigte er die Auffassung, dass es nichts gab, was nicht versucht werden sollte, wenn es das wirksamste Mittel für einen speziellen Zweck schien. Keine Regel, die der Gesetzgeber nicht frei sein sollte, zu ändern, wenn es ihm zweckmäßig erschien. Er schuf einen moralischen und rechtlichen Relativismus, der etwas der Haltung entgegen gerichtet war, welche ein wirkliches Verständnis der nicht rationalen Kräfte in der Geschichte hervorrufen sollte und implizierte eine Ablehnung des Wertes jeglicher Erfahrung, welche in Traditionen und Institutionen verkörpert ist[38].

Rechtlicher Positivismus ist eine logische Konsequenz dieser Auffassungen[39]. Da er keine Prinzipien jenseits der positiven Gesetze kennt, hat er keine Kriterien, um zu beurteilen, welches Gesetz gut oder schlecht ist. Er ist nur damit befasst, was das Gesetz ist und ob nach ihm eine spezielle Handlung legal ist oder nicht. Ein Gesetz, welches der Exekutive unbegrenzte Autorität gibt, zu tun, was immer ihr gefällt, ist aus dieser Sicht genau so gut, wie irgendein anderes. Da die Herrschaft des Gesetzes als eine Begrenzung der Legislative, eine Art meta-rechtliches Prinzip ist, das nicht Teil eines positiven Rechts ist, sondern dem das positive Recht entsprechen mag oder nicht, kann es keine Bedeutung innerhalb des Bereichs der positiven Rechtswissenschaft haben. Folglich bedeutete das Prinzip des *Rechtsstaates* und der Herrschaft des Gesetzes den Repräsentanten dieser Schulen lediglich den Wunsch nach Legalität das Erfordernis einer rechtlichen Fundierung jeglichen Staatshandelns[40]. Als solches hörte es auf, irgendeine Bedeutung als eine Garantie individueller Freiheit zu haben, da jede Unterdrückung, ob willkürlich oder diskriminierend, durch ein Gesetz legalisiert werden konnte, das eine Autorität auf diese Weise zu handeln ermächtigte.

Diese Auffassung, welche dem Konzept des *Rechtsstaates* jegliche Bedeutung entzog, wurde weitgehend am Ende des Jahrhunderts akzeptiert, erreichte aber seine vollständigste Entwicklung lediglich am Ende des gegenwärtigen Jahrhunderts. Wie es in seiner extremsten Form als die „reine Theorie des Rechts" in der Tat alle theoretischen Einwände beiseite schob, selbst die tyrannischste Herrschaft einen Rechtsstaat zu nennen - eine Möglichkeit, von der die totalitären Regime weitgehend Gebrauch gemacht haben - wird deutlich an einer Aussage seines bekanntesten Repräsentanten, Professor Hans Kelsen:

> „*völlig bedeutungslos*" argumentierte er in seiner Hauptabhandlung von 1925, „*is the assertion that under despotism there exists no order of law (Rechtsordnung) (but) that there the arbitrary will of the despot reigns... The despotically governed state also represents some order of human behaviour. This order is the order of law. To deny to it the name of an order of law is nothing but naivety and presumption deriving from natural law thinking... What is interpreted as arbitrary will is merely the legal possibility of the autocrat to take on himself every decision, to determine unconditionally the activities of subordinate organs and-to rescind or alter at any time norms once announced, either generally or for a particular case. Such a condition is a condition of law even when it is felt to be disadvantageous. It has also good aspects. The demand for dictatorship not common in the modern Rechtsstaat shows this very clearly*"[41]

12. Dicey's Missverständnis der kontinentalen Tradition

Die Bedingungen, welche gegen Ende des letzten Jahrhunderts generell auf dem Kontinent bestanden, zeigten einen bemerkenswerten Unterschied zwischen Theorie und Praxis. Diesem Unterschied ist ein verhängnisvolles Missverständnis von angelsächsischen Beobachtern zuzurechnen, ein Missverständnis, welches schwerwiegende Folgen für die Entwicklung in England und in den Vereinigten Staaten hatte. Im Prinzip wurde das Ideal der Herrschaft des Gesetzes noch nicht lange auf dem Kontinent erkannt. Aber wichtige institutionelle Fortschritte sind gemacht worden, mit denen beabsichtigt wurde, das Ideal an die Bedingungen eines modernen Staates mit seinen extensiven und vielfältigen administrativen Tätigkeiten anzupassen. Obwohl der Erfolg der Verwaltungsgerichte etwas begrenzt war, beinhalteten sie stets den einzigen ursprünglichen Versuch, diese Art von Verwaltungsaktivitäten unter die Kontrolle von bestimmten Regeln zu stellen. Das System hatte in der Tat niemals eine Chance, seine Möglichkeiten zu zeigen, nicht nur, dass gewisse Züge aus den Tagen vor dem *Rechtsstaat* niemals vollständig verschwanden, sondern das Vorrücken zum Wohlfahrtsstaat, so weit den Entwicklungen in England und den Vereinigten Staaten voraus, fügte neue hinzu. Das Ergebnis war, dass Engländer oder Amerikaner, welche die tägliche Praxis in Frankreich oder Deutschland beobachteten, fühlen würden, dass die Situation weit von dem entfernt war, was nach seinem Denken nach der Herrschaft des Gesetzes erforderlich war. Der Unterschied zwischen den Befugnissen und dem Verhalten eines Polizisten in London und einem in Berlin - um nur ein häufig zitiertes Beispiel zu erwähnen - schien so groß wie bisher. Oder wie es eine typische Diskussion des Unterschieds in einem weit verbreiteten amerikanischen Text einmal beschrieb:

> „*In some cases, it is true, (even in England) an officer of the board is given by statute power to make regulations. The Local Government Board (in Great Britain) and our boards of health furnish examples of this; but such cases are exceptional, and most Anglo-Saxons feel that this power is in its nature arbitrary, and ought not be extended any further than is absolutely necessary*“[42]

Es war in dieser Situation, als A.V. Dicey[43] in einer Arbeit, die ein Klassiker werden sollte, und nachdem er eine brillante, wenn auch etwas einseitige Darstellung des Prinzips der Herrschaft des Gesetzes gab, wie es in England vorherrschte, fortfuhr, sie einer Position auf dem Kontinent gegenüber zu stellen sowie ein insgesamt irreführendes Bild zu geben. Indem er mit der akzeptierten und unbestreitbaren Annahme begann, dass die Herrschaft des Gesetzes nur unvollständig auf dem Kontinent vorherrsche, und indem er sah, dass dies irgendwie mit der Tatsache verbunden war, dass administrativer Zwang von juristischer Überprüfung weitgehend ausgenommen war, machte er auf der Linie der früheren deutschen „Justizialisten“ die Möglichkeit einer Überprüfung von Verwaltungshandeln durch die *gewöhnlichen* Gerichte zum Angelpunkt seines Arguments. Er scheint mir das französische System der Verwaltungsrechtsprechung gekannt zu haben und nur unvollkommen und praktisch unwissend über die deutschen Entwicklungen gewesen zu sein. Hinsichtlich des französischen Systems mag seine strenge Kritik irgendwie mehr gerechtfertigt zu sein, obwohl selbst dort der *Conseil d'Etat* bereits eine Entwicklung eingeleitet hatte, der es, wie ein moderner Beobachter anmerkte: might in time succeed in bringing all discretionary powers of the administration within the range of judicial control[44] Aber sie waren sogar noch unanwendbarer auf das Prinzip der deutschen Verwaltungsgerichte, die von Anfang an als unabhängige gerichtliche Instanzen errichtet worden waren mit genau dem Zweck, die Herrschaft des Gesetzes sicher zu stellen, die Dicey zu erhalten bemüht war. Es sollte in der Tat daran erinnert werden, dass 1865, als Dicey seine berühmten Vorlesungen veröffentlichte, die deutschen Verwaltungsgerichte gerade Gestalt annahmen und dass sogar das französische System erst kürzlich die endgültige Form erhielt. Dennoch war der „fundamentale Fehler“, von Dicey wie er von einem seiner Bewunderer genannt wurde „so fundamental that it is difficult to understand or excuse in a writer of his eminence“[45]. Die genaue Idee von getrennten Verwaltungsgerichten und durch eine naive Verwechslung sogar der Begriff „administrative law“ wurden in England als die Ablehnung der Herrschaft des Gesetzes betrachtet. Durch seinen Versuch, die Herrschaft des Gesetzes, wie er sie sah, zu rechtfertigen, blockierte Dicey tatsächlich die Entwicklung, die vielleicht die besten Chancen bot, sie zu erhalten. Er konnte nicht das Wachstum des Verwaltungsapparats verhindern, den die kontinentalen Länder bereits besaßen. Aber er trug viel dazu bei, das Wachstum von Institutionen zu verhindern oder zu verzögern, die geeignet waren, den neuen bürokratischen Apparat einer wirksamen Kontrolle durch unabhängige Gerichte zuzuführen.

VORLESUNG III

DIE SICHERUNGEN VON INDIVIDUELLER FREIHEIT

"Order is not a pressure imposed Upon society from without, but an Equilibrium which is set up from within"

J. Ortega y Gasset[1]

13. Gesetz und Ordnung

Der Hauptzweck dieser Vorlesung wird sein, die Verbindung zwischen den verschiedenen Prinzipien zu untersuchen, die zusammen die Herrschaft des Gesetzes ausmachen. Aber bevor ich mich dem zuwende, möchte ich kurz Ihre Aufmerksamkeit auf einen generellen Aspekt der Beziehung zwischen Gesetz und Ordnung lenken.

Es ist eine tief verwurzelte Tendenz des menschlichen Bewusstseins, dass wann immer es ein geordnetes Muster wahrnimmt, es glaubt, dass dies durch einen Verstand wie dem seinen entworfen worden sein muss. und annimmt, dass es keine Ordnung ohne solch bewussten Entwurf geben kann. Wenn aber eine Vielzahl individueller Elemente gewissen allgemeinen Regeln folgen, mag dies eine bestimmte Ordnung der Masse hervorrufen, ohne Einflussnahme durch eine äußerliche Kraft. Dies gilt für Gesetze, die von Menschen befolgt werden nicht weniger als für Gesetze der Natur. Und wie weit die Bedeutungen des Begriffs Gesetz sich voneinander entfernt haben mögen, wenn wir für einen Augenblick auf die allgemeinen Aspekte jener Beziehung schauen, würde die allgemeine Natur unseres Problems in ein klareres Licht gerückt.

Es gibt in der Tat unzählige Fälle in der Natur, wo die Regelmäßigkeiten im Verhalten vieler unabhängiger Teile oder Elemente in der Bildung einer bestimmten Ordnung eines Komplexes resultieren. Und mehr als dies: wir benutzen häufig unser Wissen über solche Gesetze, um eine Organisation der Materie herbeizuführen, die wir hervorrufen könnten, in dem wir jedes einzelne Partikel genau da platzieren, wo wir es wollen. Denken Sie an die Art und Weise, in der wir eine komplexe chemische Mischung produzieren oder aus der eine sehr durchdachte und wundervolle Struktur von Schneekristallen gebildet wird. Sie sind das Ergebnis des Verhaltens von individuellen Molekühlen, von denen jedes von ihnen auf die Aktionen seiner unmittelbaren Umgebung rangiert. Doch diese gemeinsame Anpassung der Elemente an ihr unmittelbaren Nachbarn schafft ein Gleichgewicht für das Ganze, eine Ordnung, in der jedes Element seine eigene Rolle spielt. Wir finden das vor, was Michael Polanyi als die spontane Bildung einer polyzentrischen Ordnung beschrieben hat[2], eine Ordnung, die nicht das Ergebnis all der Faktoren ist, die von einem einzelnen Zentrum berücksichtigt werden, sondern die durch Reaktionen der individuellen Elemente auf ihre jeweilige Umgebung produziert wird.

Die Verwendung solcher Eigenschaften individueller Elemente ermöglicht es uns, sie in einer Ordnung zu arrangieren, die wir niemals erreichen würden, wenn wir sie individuell auf dem entsprechenden Punkt platzieren würden. Wir könnten niemals eine komplexe organische Mischung herstellen, wenn dies davon abhinge, jedes Molekühl der gleichen oder verschiedener Elemente individuell in eine entsprechende Beziehung zu anderen Molekühlen zu setzen, um die entsprechende komplexe Struktur der Mischung zu produzieren. Wir müssen uns auf die Tatsache verlassen, dass, wenn immer gewisse Bedingungen erfüllt sind, die Molekühle in Beziehungen mit anderen stehen, die gewisse Eigenschaften aufweisen. Aber dieses Setzen auf die spontanen Kräfte, welches unser einziges Mittel ist, das Ergebnis zu erzielen, bedeutet auch, dass wir nicht gewisse Aspekte des Prozesses kontrollieren können. Wir könnten uns nicht gleichzeitig auf diese Kräfte verlassen und sicher stellen, dass besondere individuelle Molekühle besondere Plätze in der entstehenden Struktur einnehmen. Wir mögen aus irgendeinem Grund die Idee nicht schätzen, dass bei aufeinander folgenden Gelegenheiten, bei denen wir die Mischung aus einem gegebenen Material herstellen, die identischen Molekühle stets die oberste Position in der entstehenden Masse einnehmen. Aber obwohl dies zu geschehen unwahrscheinlich ist, sollten wir keine Möglichkeit haben, dies mit Gewissheit zu verhindern. Wir haben keine Wahl als die besonderen Plätze, die die Molekühle einnehmen werden, dem Zufall zu überlassen, oder die Mischung überhaupt nicht herzustellen.

Es gibt noch einen weiteren Punkt über die Art und Weise, auf die solche spontanen Ordnungen in der Natur gebildet werden, die unsere Aufmerksamkeit verdient. Das Verhalten der Elemente muss nicht in jeder Hinsicht bestimmt sein, sondern muss lediglich einigen abstrakten Bedingungen entsprechen, damit eine Struktur mit bestimmten Merkmalen gebildet wird. All das, was nötig ist, ist, dass wenn immer einige ausgewählte Züge der Umwelt gegeben sind, das Verhalten der Elemente ebenfalls einige allgemeine Eigenschaften aufweist. Mit anderen Worten, für die Bildung einer spontanen Ordnung ist es nicht nötig, dass das Verhalten der Elemente in jeder Hinsicht prognostizierbar ist. Selbst eine sehr partielle Regelmäßigkeit ihrer Aktion mag genügen, um eine bestimmte Ordnung des Ganzen hervorzurufen

All dies ist in der Tat von größter Bedeutung für unsere Bemühungen, eine Ordnung bei komplexen Phänomenen hervorzurufen, wo wir nicht alle Einzelheiten kennen. Und dies ist genau das Problem der Schaffung einer spontanen Ordnung in der Gesellschaft. Die wichtigste Tatsache, der wir uns hier gegenüber sehen, ist das notwendige und nicht zu beseitigende Unwissen über eine Person oder eine Gruppe von Personen, über die meisten Umstände, die zu einem Zeitpunkt die Bedürfnisse und Gelegenheiten der verschiedenen Handelnden bestimmen.[3] Dies ist tatsächlich Wissen, das nur über die verschiedenen Mitglieder der Gesellschaft verteilt ist und niemals durch einen einzigen Kopf konzentriert werden kann oder durch einen Menschen oder irgend eine Gruppe von Menschen bewusst manipuliert werden kann. Dennoch wünschen wir, dass so viel wie möglich von diesem Wissen genutzt werden sollte beim Lenken eines geordneten Prozesses, dass die individuellen Handlungen zu einem Ganzen integriert werden sollten, in dem jedes Individuum von der Koordination der Handlungen aller profitiert, die so herbeigeführt wird.

Wo intelligente menschliche Wesen die Elemente von solch einer Ordnung bilden, Menschen, denen wir wünschen, dass sie ihr individuelles Wissen so erfolgreich wie möglich nutzen beim Verfolgen ihrer individuellen Ziele, müssen wir wünschen, dass sie eine gemeinsame Anpassung der individuellen Pläne und Handlungen herbeiführen, indem jeder sich an jene Umstände anpasst, die er selbst beobachten kann. Die beiden Vorrichtungen für diesen Zweck, über die der Mensch stolperte und auf denen unsere Zivilisation aufgebaut worden ist, sind, dass jeder Mensch eine bekannte Sphäre von Dingen hat, die er kontrollieren kann und die wir sein Eigentum nennen, und dass diese Dinge von der Sphäre des einen zu der eines anderen nur durch eine gemeinsame Übereinkunft zwischen ihnen übertragen werden können. Diese beiden generellen Prinzipien können im einzelnen eine große Vielfalt haben - in der Tat sind die verschiedenen Systeme des Privatrechts wenig mehr als Variationen zu diesem Thema.

So sehr allgemein, wie diese beiden Prinzipien scheinen mögen, genügen sie dennoch, wie durch die Analyse der ökonomischen Theorie gezeigt wurde, um eine Anordnung menschlicher Handlungen sicher zu stellen, die gewissen Bedingungen rationaler Koordination genügen, eine Anordnung, die nicht alles sein mag, was wir wünschen mögen, die wir aber wünschen können, indem wir die Individuen frei lassen und es ihnen ermöglichen, mit einem gewissen Grad an Gewissheit nach ihren individuellen Plänen zu handeln. Eines der Hauptziele der Regeln, die dies erreichen sollen, muss deshalb sein, für das Individuum so viel vermeidbare Ungewissheit wie möglich auszuschalten. Das bedeutet, dass es in der Lage sein muss, aus den Umständen zu ermitteln, was es wissen kann und was es frei ist zu tun und welche Umstände und auf welche Weise andere es beschränken werden. Wenn es sein Wissen zum größten Vorteil nutzen soll, muss die Welt um es herum ihm so weit als möglich gegeben sein. In der Tat, in einer sich ändernden Welt wird viel von seiner Aufgabe und seinem Verdienst darin bestehen, die Veränderungen korrekt voraus zu sehen und sich erfolgreich an ständig wechselnde Bedingungen anzupassen. Wenn aber die sich ergebende Ordnung die Wirkung einer polyzentrischen Anpassung von vielen Gleichgewichten sein soll, darf seine Entscheidung nicht von irgendeiner Einflussnahme von Umständen gestört werden, die außerhalb der Sphäre seiner Beobachtung liegen.

Es hat für den Menschen lange Zeit gedauert, um die Möglichkeit zu entdecken, eine Ordnung durch Beibehaltung einiger allgemeiner Regeln zu schaffen oder, vielleicht sollte ich sagen, zu lernen, ohne sie wirklich zu verstehen, weil diese Methode, Ordnung zu produzieren, sicherlich nicht „erfunden" wurde, sondern ihre Vorteile wurden erst erkannt, als sie entstanden war. Und bis heute hat der Mensch trotzdem kaum ganz verstanden, wie er indirekt solche spontanen Kräfte vorteilhafter arbeiten lassen kann, indem er die Regeln verbessert, nach denen das Individuum handelt. In der Tat, wann immer der Mensch mit neuen Problemen konfrontiert wird, ist seine Reaktion stets, die erforderliche Anpassung durch die große Methode der Gewalt herbei zu führen, als mit dem spontanen Zusammenleben der Individuen zu operieren.

14. Ein meta-gesetzlicher Grundsatz

Es ist dieses Vertrauen auf die Wirkung von abstrakten Regeln, welche die Beziehungen zwischen Individuen leiten, das die wesentliche Grundlage der Herrschaft des Gesetzes ist. Da diese Herrschaft des Gesetzes bedeutet, dass die Regierung niemals ein Individuum zwingen soll, ausgenommen bei der Durchsetzung einer Regel, die zuvor angekündigt wurde, und aus der der besondere Akt des Zwangs notwendig folgt, ist dies in der Tat eine Beschränkung der Macht jeglicher Regierung und besonders eine Beschränkung für die Gesetzgebung. Es ist deshalb eine Doktrin darüber, was das Gesetz sein soll, oder über gewisse allgemeine Eigenschaften, die Gesetze besitzen sollen, um ihr zu entsprechen. Das ist wichtig, weil die Herrschaft des Gesetzes manchmal mit dem Begehren nach mehr Legalität allen Regierungshandelns verwechselt wird. Aber obwohl die Herrschaft des Gesetzes vollständige Legalität in diesem Sinne voraussetzt, ist dies nicht genug. Wenn ein Verfassungsgesetz der Regierung unbeschränkte Gewalt einräumen würde, nach eigenem Gutdünken zu handeln, würde sie nicht länger unter der Herrschaft des Gesetzes arbeiten, obgleich ihre Handlungen legal sein würden. Die Herrschaft des Gesetzes ist deshalb mehr als bloßer Konstitutionalismus. Sie impliziert gewisse Anforderungen hinsichtlich der Inhalte der Verfassung.

Aus der Tatsache, dass die Herrschaft des Gesetzes eine Beschränkung für jegliche Gesetzgebung ist, folgt, dass sie kein Gesetz sein kann im gleichen Sinne wie Gesetze, die durch den Gesetzgeber erlassen werden. Verfassungsvorschriften mögen Beeinträchtigungen der Herrschaft des Gesetzes erschweren oder den Prozess verzögern. Aber der letztendliche Gesetzgeber kann seine eigene Macht niemals durch Gesetz beschränken, da er auch jedes Gesetz, das er erlassen hat, aufheben kann. Deshalb ist die Herrschaft des Gesetzes keine Regel des Gesetzes, sondern eine Regel über das Gesetz, eine meta-gesetzliche Doktrin oder ein politisches Ideal. Sie wird nur wirksam, sofern der Gesetzgeber sich selbst an sie gebunden fühlt. In einer Demokratie bedeutet das tatsächlich, dass, ob die Herrschaft des Gesetzes befolgt wird oder nicht, sie durch die öffentliche Meinung akzeptiert wird, d.h. dass sie Teil des Gerechtigkeitssinns ist, der in der Gesellschaft vorherrscht.

Die Abhängigkeit von Idealen, welche die öffentliche Meinung beherrschen, macht die anhaltenden Angriffe auf das Prinzip sehr unheilvoll, über die ich in der nächsten Vorlesung sprechen werde. Wie wir gegenwärtig sehen, sind viele der Anwendungen der Herrschaft des Gesetzes auch Ideale in dem Sinne, dass wir nur hoffen können, ihnen mehr und mehr näher zu kommen, aber sie wahrscheinlich niemals vollständig verwirklichen können. Aber wie weit sie verwirklicht werden, wird vom Zustand der öffentlichen Meinung abhängen. Wenn der Glaube an die Herrschaft des Gesetzes Teil grundlegender Überzeugungen ist, werden ihr sowohl Gesetzgebung als auch Rechtsprechung mehr und mehr nahe kommen. Wenn andererseits ihre Prinzipien als undurchführbar oder vielleicht als unerwünscht dargestellt werden, und die Menschen aufhören, um ihre Verwirklichung zu kämpfen, werden sie schnell verschwinden. Eine Gesellschaft, in der dies vorkommt, wird sich schnell zu jenem Zustand willkürlicher Tyrannei zurückentwickeln, gegen den die Bewegung für eine Herrschaft des Gesetzes gerichtet war. Das ist, wie wir sehen werden, genau das, was in der ganzen Welt in den vergangenen zwei oder drei Generationen geschehen war.

15. Allgemeinheit, Gleichheit und Bestimmtheit des Gesetzes

Ich habe bereits mehr als einmal vorgeschlagen, dass die Herrschaft des Gesetzes ein Komplex von Doktrinen ist, die zu verschiedenen Zeiten formuliert worden sind und nur verbunden sind, indem sie dem gleichen Ziel dienen.[4] Dieses Ziel ist, Zwang durch die Macht des Staates auf die Fälle zu beschränken, wo dies ausdrücklich durch formelle, abstrakte Regeln erforderlich ist, die im Vorhinein angekündigt worden sind und gleichermaßen für alle gelten und sich auf Umstände beziehen, die ihnen bekannt sind. Da das Mittel des Zwangs des Individuums durch den Staat Bestrafung ist, ist die wichtigste Anwendung des Prinzips die Regel *nullum crimen, nulla poena sine lege*, d.h. die Regel, dass nichts als Verbrechen behandelt und bestraft werden muss, ohne dass dies in einem zuvor bestehenden Gesetz vorgesehen ist. Jedoch, so klar und definitiv, wie diese Regel zunächst erscheinen mag, stoßen wir sofort auf all die Probleme, die von der Herrschaft des Gesetzes aufgeworfen werden, wenn wir fragen, was in dieser Formel unter „Gesetz“ verstanden wird. Würde es der Regel entsprechen, wenn das Gesetz lediglich sagt, wer immer den Befehlen irgendeines Offiziellen, etwa eines Polizisten, nicht gehorcht, auf diese oder jene Weise bestraft wird? Klar nein! Sogar in den freiesten Ländern sieht das Gesetz jedoch etwas vor, was zunächst dem sehr ähnlich scheint. Es gibt wahrscheinlich kein Land auf der Erde, wenn Sie einem Polizisten nicht gehorchen, haften und bestraft werden für eine Handlung als „Akt öffentlichen Unfugs“ oder „Störung der öffentlichen Ordnung“ oder als „Behinderung der Polizei“ oder wie immer das lokale Gesetz ihre Handlung bezeichnen mag. Wir können diesen Teil der Doktrin nicht verstehen, ohne gleichzeitig die meisten anderen zu untersuchen.

Es wird nützlich sein, damit zu beginnen, die drei klassischen Erfordernisse zu untersuchen, die ein Rechtssystem vor allen anderen erfüllen muss, wenn es für sich den Anspruch erheben mag, die Herrschaft des Gesetzes herbeizuführen. Diese sind, dass Gesetze allgemein, gleich und bestimmt sein müssen.

Das Erfordernis, dass das Gesetz, welches für den gewöhnlichen Bürger verbindlich ist, allgemein sein muss, erinnert uns sofort daran, dass wir heute den Begriff Gesetz in zwei verschiedenen und weitgehend unabhängigen Bedeutungen verwenden.[5] Wir nennen ein Gesetz jede Handlung einer gesetzgebenden Autorität. Aber nur einige, heute wahrscheinlich eine kleine Minderheit von ihnen, sind generelle Regeln, die für private Personen gelten. Der Staat hat seine eigenen Mittel, die er für allgemeine Ziele zu nutzen hat, seine eigenen Bediensteten, um diese Mittel zu verwalten. Es ist heute überall die Aufgabe der gleichen gesetzgebenden Autoritäten, den Gebrauch dieser Mittel anzuweisen und allgemeine Regeln vorzugeben, die private Bürger befolgen müssen. Aber während die Regierung die Mittel verwalten muss, die zu ihrer Verfügung gestellt sind, einschließlich der Dienste von all jenen, die sie einstellt, um ihre Anweisungen durchzuführen, bedeutet das nicht, dass sie auf die gleiche Weise die

Bemühungen der privaten Bürger „verwalten" soll. Es ist vielleicht der Hauptunterschied zwischen einer freien und einer sozialistischen oder totalitären Gesellschaft, dass es in der ersteren eine private Sphäre, ganz verschieden von der öffentlichen gibt und dass der private Bürger nicht herumkommandiert, sondern nur angehalten werden kann, die allgemeinen Regeln zu befolgen, die auf alle anwendbar sind. Dieser Unterschied, der sehr bestimmt in der Vergangenheit bestand, wird zunehmend verwischt. Es war gewöhnlich der Stolz freier Menschen, so lange sie den bekannten Gesetzen gehorchten, keine Amtsgewalt und kein Beamter ihnen Anweisungen geben konnte, und sie hatten niemanden für ihre täglichen Verrichtungen um Erlaubnis zu fragen. Ich zweifele ziemlich, dass es immer noch jemanden in der Welt gibt, der prahlen kann, dass dies auf ihn zutrifft.

Von den beiden Arten gesetzgebender Handlungen, die ich erwähnt habe, sind jene, die über den Gebrauch von Mitteln, die zum Gebrauch dem Staat zur Verfügung stehen, in der Tat Befehle an seine Bediensteten. All diese Regeln, welche die Organisation des Staatsapparates festlegen, die den Aufwand an seinen Mitteln regulieren, die Richtung seiner Bemühungen und seiner Handlungen gegenüber anderen Staaten werden ebenfalls Gesetze genannt, obwohl sie nicht die Form allgemeiner Regeln haben, sondern sich auf spezifische Umstände von Zeit und Ort beziehen. Sie beherrschen die interne Arbeitsweise der Staatsmaschinerie und binden all jene, die Teil dieser Maschinerie sind. Aber sofern der Bürger freiwillig oder vorübergehend im Gefolge von allgemeinen Regeln, wie bei militärischer Einberufung, Teil dieser Maschinerie geworden ist, wird vermutet, dass er sich außerhalb von ihr befindet. Von der Maschinerie wird vermutet, dass sie ihm dient, und sie kann genutzt werden, ihn nur zu zwingen, um die allgemeinen Regeln durchzusetzen, die gleichermaßen für die Beziehungen zwischen Bürgern und zwischen ihnen und dem Staat gelten.

Die letztgenannten Arten von Gesetzen sind wirkliche Gesetze in dem spezifischen Sinn, in dem sie sich von Befehlen unterscheiden. Sie sind allgemein nicht nur im Sinne von gleich anwendbar auf alle, sondern auch in dem Sinn, dass sie sich nicht nur auf Besonderes beziehen, sondern anwendbar sind, wenn immer gewisse absolut definierte Bedingungen erfüllt sind. .In unseren allgemeineren Betrachtungen haben wir gesehen, was das bedeutet; dass nur gewisse ausgewählte Aspekte der komplexen Situationen des tatsächlichen Lebens als relevant für die Anwendung der Regel ausgewählt sind. Ich will Sie nun lediglich daran erinnern, dass wenn die Regel das Verhalten beherrschen soll, indem sie denjenigen bekannt ist, auf den sie zutrifft, muss sie sich nur auf Umstände beziehen, von denen angenommen werden kann, dass sie jenen und unter keinen anderen Umständen bekannt ist.

An diesem Punkt berührt das Erfordernis der Allgemeinheit am engsten das zweite, schwierigste und wichtigste Erfordernis, das der Gleichheit vor dem Gesetz. Es gibt eine umfangreiche und teilweise tiefgehende Literatur über diesen Gegenstand[6] und in der geringen Zeit, die ich ihm widmen kann, kann ich kaum hoffen, etwas Neues hinzuzufügen, obgleich ich erwähnen muss, dass trotz all der Bemühungen, die diesem Konzept gewidmet werden, es immer noch weit davon entfernt ist, klar zu sein. Es scheint eines jener Ideale zu sein, welche die Richtung angeben, ohne das Ziel klar zu definieren. Trotzdem, obwohl das Ideal für immer jenseits unseres vollen Verständnisses sein mag, ist es nicht weniger wichtig, wenn wir uns ständig darum bemühen. Obwohl vollkommene Gleichheit vor dem Gesetz im Sinne, dass keine Eigenschaft, die wenige Individuen haben und keine anderen, ihre Stellung vor dem Gesetz verändern soll sowohl unerreichbar als auch unerwünscht ist, gibt es klar eine Bedeutung in dem Verlangen, dass das Gesetz für alle gleich sein soll. Weder können wir zufrieden sein mit der leichten Ausrede, zu sagen, dass das Gesetz keine irrelevanten Unterscheidungen machen soll, dass es nicht zwischen Personen aus Gründen diskriminieren soll, die keine Verbindung zum Zweck des Gesetzes haben. Diese häufig benutzten Redewendungen vermeiden entweder den Gegenstand oder räumen tatsächlich alle Diskriminierungen ein, die die Juristen zu machen wünschen. Der wirkliche Punkt ist wahrscheinlich der, obwohl das Gesetz gewisse eigentümliche Unterschiede zwischen menschlichen Wesen anerkennen muss, wie den Unterschied zwischen Männern und Frauen, muss die Unterscheidung, die es macht, nicht darauf abstellen, bestimmte Personen zu begünstigen.

Schließlich haben wir das Erfordernis, welches für das Funktionieren der wirtschaftlichen Aktivitäten wahrscheinlich das wichtigste ist, die Bestimmtheit des Gesetzes[7]. Ich bezweifele, dass die Bedeutung der Bestimmtheit des Gesetzes für das ruhige und wirksame Arbeiten des Wirtschaftslebens hat, übertrieben werden kann und dass es wahrscheinlich kaum einen einzelnen Faktor gibt, der mehr zur größeren Prosperität der westlichen Welt, verglichen mit dem Orient, beitrug als die relative Bestimmtheit des Gesetzes, die der Westen früh erreicht hat. In der Tat ist es auch ein Ideal, das nur angenähert und niemals vollständig erreicht werden kann. Doch das Ausmaß, in dem das Gesetz unvermeidbar unbestimmt ist, kann leicht übertrieben werden und es gibt Gründe, warum Juristen besonders dazu neigen, dies zu tun. Sie sind hauptsächlich mit Fällen beschäftigt, die zum Rechtsstreit führen mögen, weil der Gegenstand unbestimmt ist. Aber der Grad der Bestimmtheit des Gesetzes, der in einem beliebigen Land erreicht worden ist, muss in der Tat an den Streitigkeiten gemessen werden, die nicht zum Rechtsstreit führen, weil, sobald die Rechtsposition untersucht wird, ist das Ergebnis praktisch gewiss. Es sind die Fälle, die niemals vor die Gerichte kommen, nicht jene, die das tun, die das Maß für die Bestimmtheit des Gesetzes sind. Wenn immer ein nicht verringerbares Minimum an Unbestimmtheit bleibt, ist das das Ergebnis der Unvollkommenheit aller menschlichen Institution. Die moderne Tendenz, das Ausmaß dieser Unbestimmtheit zu übertreiben, scheint Teil jener Kampagne gegen das Ideal der Herrschaft des Gesetzes zu sein, die mich später beschäftigen wird. Es ist jedoch seltsam, dass diese Agitation so häufig von den gleichen Autoren kommen sollte, welche die Vorhersage gerichtlicher Entscheidungen als den einzigen Zweck der Rechtswissenschaft ansehen. Wenn das Gesetz so unbestimmt wäre, wie diese Männer vermuten, könnte es, wie sie selbst vorgeben, keine Rechtswissenschaft welcher Art auch immer geben.

16. Die Gewaltenteilung

In einem Sinn ist das Prinzip der Gewaltenteilung ein wichtiger Teil der Doktrin der Herrschaft des Gesetzes[8]. Aber es ist so vielen Missverständnissen und Verwechslungen unterworfen, dass es mit besonderer Vorsicht zu handhaben ist. Es kann sogar auf eine solche Weise interpretiert werden, - wie dies manchmal in Frankreich geschehen ist -, dass seine Wirkungen dem Ideal der Herrschaft des Gesetzes zuwider laufen, die es aufrecht erhalten soll, wie das Verbot jeglicher Abtretung von Gesetzgebung, das wirklich ein Teil des Prinzips der Gewaltenteilung ist, ist letzteres eine der Verfahrensregeln, die insofern vorteilhaft sind, als sie die Herrschaft des Gesetzes sichern und ihr dienen und die immer unter dem Aspekt gesehen und behandelt werden sollten, als ob sie unabhängige Gültigkeit hätten.

Die Bedeutung des Verlangens nach Gewaltenteilung ist ziemlich klar, was die Beziehung zwischen Legislative und Judikative angeht. Das Prinzip, dass allgemeine Regeln niedergelegt werden sollten, unabhängig von ihrer Anwendung auf besondere Fälle, verlangt nahezu, dass diese unterschiedlichen Funktionen von unterschiedlichen Gruppen von Menschen vollzogen werden sollten. Dies ist vielleicht nicht nur die einzig vorstellbare aber nahezu sicherlich die einzig praktikable Vorkehrung, dass die Regeln nicht für besondere Fälle angepasst werden, sondern wegen ihrer generellen Bedeutung. Andere Vorkehrungen, die für den gleichen Zweck vorgeschlagen werden mögen, wie zum Beispiel, dass keine Regel früher angewendet werden sollte als nach einem beträchtlichen Zeitintervall wie ein Jahr, nach dem sie verkündet worden ist, würde kaum wirksam scheinen. Es würde stets schwierig sein, eine Gruppe dafür zu gewinnen, sich streng an die Worte einer Regel zu halten, die sie selbst formuliert hat. Das, was zählen sollte, sollten nicht die versteckten Absichten des Regelgebers sein, sondern was die Regeln, so wie sie verkündet wurden, für einen unabhängigen Beobachter bedeuten müssen. Es scheint notwendig zu sein, dass ihre Anwendung einer unabhängigen Autorität überlassen bliebe. Ich brauche hier nicht in eine detaillierte Diskussion einzutreten, warum dies eine unabhängige Position der Richter erfordert, die an nichts gebunden sind als an das Gesetz und gegen jeglichen Druck durch Unabsetzbarkeit und ähnliche Vorkehrungen abgesichert sind Und ich werde auch über solche Folgerungen aus dem Prinzip hinweggehen, wie das ausdrückliche Verbot von rückwirkenden Gesetzen oder Gesetzesvorlagen zum Verlust von Recht und Besitz. Ich will nur hinzufügen, dass wenn dieses Ideal jemals vollständig erreicht werden könnte, der Richter kaum mehr als getrennte Gewalt angesehen werden könnte, sondern eher eine Art Maschine würde, die das Gesetz anwendet, Ciceros und Montesquieus berühmter Mund, der das Gesetz ausspricht. Aber da es wahrscheinlich unvermeidlich ist, dass gewisse allgemeine Auffassungen in die Interpretation des Gesetzes einfließen, die nicht ausdrücklich im Gesetz genannt sind, und da im tatsächlichen Kampf der Kräfte die Personen, welche das Gesetz anwenden, zu den bedeutendsten gehören, gibt es zumindest eine gute Rechtfertigung, sie als eine ausgeprägte „Macht“ zu beschreiben.

Es ist noch zweifelhafter, ob es bei einer strikten Anwendung der Herrschaft des Gesetzes nicht irreführend wäre, die Exekutive und die Verwaltung, als ausgeprägte und getrennte Macht zu beschreiben, die gleichrangig mit den beiden anderen koordiniert ist. Es wäre sicherlich nicht mit der Herrschaft des Gesetzes vereinbar, wenn dies interpretiert würde, zu bedeuten, dass die Verwaltung bei ihrem Verkehr mit privaten Bürgern nicht stets dem Gesetz unterworfen ist, das durch die Gesetzgebung und durch unabhängige Gerichte angewendet wird. Die Zusicherung solcher Macht an Verwaltungsorgane ist in der Tat die Antithese der Herrschaft des Gesetzes. Es gibt zweifellos viele Machtelemente, welche die Verwaltungsorgane besitzen werden und die in nahezu jedem vorstellbaren System nicht Gegenstände der Kontrolle durch unabhängige Gerichte sind, aber unter einer Herrschaft des Gesetzes kann „Administrative Powers over Person and Property“ (um den Titel eines einflussreichen Werkes zu zitieren[9] nicht dazu gehören. Unter der Herrschaft des Gesetzes muss die Exekutive bei ihren Zwangshandlungen an Regeln gebunden sein, die nicht nur vorschreiben, wo sie handeln mag, sondern auch, wie sie zu handeln hat. Und der einzige Weg, um sicher zu stellen, dass die Verwaltungsorgane so gebunden sein werden, besteht darin, die Substanz der Handlungen dieser Art zum Gegenstand richterlicher Überprüfung zu machen.

Es ist in einem größeren Ausmaß eher eine Sache der Zweckmäßigkeit als des Prinzips, wenn diese Regeln es erfordern, durch die Gesetzgebung festgelegt zu werden, oder vielleicht sollte ich sagen, dass diese Frage nicht so viel für das Prinzip der Herrschaft des Gesetzes bedeutet als für das ausgeprägte Prinzip demokratischer Kontrolle der Regierung. Soweit es das Prinzip der Herrschaft des Gesetzes angeht, gibt es keinen Einwand gegen eine Delegation als solche, obwohl die tatsächlichen Gründe, die bis heute zu einer Delegation führen, zu Bedenken Anlass geben. Offensichtlich, die Delegation der Regelsetzung an lokale gesetzgebende Organe wie Provinzlegislativen oder Stadträte ist aus dieser Sicht nicht bedenklich. Selbst die Delegation der Regelsetzung an eine nicht gewählte Autorität muss nicht gegen die Herrschaft des Gesetzes sein, solange wie diese Autorität daran gebunden ist, die Regeln vor ihrer Anwendung festzulegen und zu veröffentlichen. Das Problem mit der verbreiteten Delegation besteht darin, dass keine Macht, generelle Regeln festzulegen, delegiert wird, sondern dass den Autoritäten tatsächlich Macht eingeräumt wird, Macht ohne Regel auszuüben, weil keine allgemeine Regel für die Ausübung dieser Macht formuliert werden kann. Das hat wirklich wenig damit zu tun, mit der Delegation von Macht, Gesetze im substanziellen Sinne des Wortes zu machen. Es bedeutet lediglich, dass der Entscheidung über besondere Sachverhalte durch einige Behörden die formale Gültigkeit eines Gesetzes gegeben wird, d.h. dass es von den Gerichten als legal zu akzeptieren ist. Ich habe bereits auf die Mehrdeutigkeit des Begriffs Gesetz verwiesen, die hier wiederum den Gegenstand verdunkelt. Was häufig als die Delegation der Gesetzgebungsmacht bezeichnet wird, ist nicht die Macht, Regeln zu setzen, was für die individuelle Freiheit politisch unklug und nicht notwendig gefährlich sein mag, sondern die Delegation des Privilegs, dass, was immer eine Autorität innerhalb der Sphäre entscheidet, für die ihr solche Macht gegeben ist, wird die Kraft eines Gesetzes haben und muss, wie ein Akt der Gesetzgebung, unfraglich durch Gerichte akzeptiert werden.

17. Die Grenzen von Verwaltungsermessen

Dies bringt mich zu dem kritischen und letztlich entscheidenden Problem der Grenzen von Verwaltungsermessen. Die Diskussion dieses Problems ist verdunkelt worden durch eine Verwechslung von verschiedenen Bedeutungen des Begriffs „Ermessen". Eine dieser Bedeutungen ist eng verbunden mit dem unvermeidbaren Grad von Unbestimmtheit des Gesetzes, den ich bereits diskutiert habe. Diese Unbestimmtheit erfordert es, dass jemandem, der das Gesetz anwenden soll, ob als Richter oder als Verwaltungsbediensteter, ein gewisses Ermessen gegeben werden muss, es zu interpretieren. Vollmacht, eine Regel zu interpretieren, ist nicht Ermessen in dem relevanten Sinn[10]. Es ist die Aufgabe, aufzudecken, welches der Sinn des ganzen Systems geltender Rechtsregeln ist, herauszufinden, was die unvollkommene Wortwahl oder Voraussicht des Gesetzgebers nicht explizit zum Ausdruck gebracht hat, was aber durch eine allgemeine Regel ausgedrückt werden sollte und könnte. Dass die Aufgabe der Interpretation des Gesetzes nicht wirklich eine des Ermessens ist, geht aus der Tatsache hervor, dass es gewöhnlich Gegenstand der Überprüfung durch eine andere Instanz, ein Gericht oder ein höheres Gericht sein kann. In der Tat, dass die Entscheidung einer Überprüfung durch solch eine unabhängige Instanz überantwortet werden kann, die nur die bestehenden Regeln und die Fakten zu kennen braucht, die zu kennen den betroffenen Parteien unterstellt werden kann, ist wahrscheinlich das beste Kriterium dafür, ob eine Entscheidung an eine Regel gebunden ist und nicht dem Ermessen der Autorität überlassen ist. Es ist eine Frage, über die es möglich ist, zu diskutieren, ob eine besondere Interpretation des Gesetzes korrekt oder inkorrekt ist. Und obwohl es manchmal unmöglich sein mag, zu einer absolut überzeugenden Schlussfolgerung zu gelangen, ist es immer noch eine Frage, die durch eine Berufung auf die Gesetze oder durch einen einfachen Willensakt entschieden wird.

Eine vollkommen verschiedene und wiederum für unsere Zwecke irrelevante Bedeutung von Ermessen entsteht in der Beziehung zwischen Prinzipal und Agent, wie sie durch die gesamte Hierarchie der Regierung auftritt, von der souveränen Gesetzgebung durch die Leiter der Verwaltungsabteilungen bis zum niedrigsten Regierungsbediensteten. Hier ergibt sich wirklich die Frage, welcher Teil der Autorität der Regierung als Ganzes an eine bestimmte Behörde oder einen Bediensteten delegiert ist. Da diese Zuweisung von Aufgaben auch weitgehend durch Gesetz geregelt ist, wird die Frage, was eine bestimmte Behörde berechtigt ist, zu tun, d.h. welchen Teil der Regierungsgewalt auszuüben ihr erlaubt ist, häufig dem Ermessen zugewiesen. Es ist klar, dass nicht alle Handlungen der Regierung an feste Regeln gebunden werden können und dass auf jeder Ebene der Hierarchie beträchtliches Ermessen gewährt werden muss. Und soweit die Regierung ihre eigenen Ressourcen für Ziele verwaltet, für die sie ihr gegeben wurden, gibt es in der Tat starke Argumente dafür, ihr so viel Ermessen zu geben, wie jede Geschäftsleitung unter ähnlichen Umständen haben würde. Wie A. V. Dicey einst schrieb, wird die Regierung in der Handhabung ihrer eigenen Geschäfte herausfinden, dass sie die Handlungsfreiheit benötigt, die notwendig jede private Person bei der Handhabung ihrer eigenen, persönlichen Belange besitzt[11]. Es kann durchaus sein, dass die Eifersucht der gesetzgebenden Organe das Ermessen in diesen Dingen mehr behindert als es für eine wirksame Ausführung ihrer Aufgaben gut ist. Wenn dies einigermaßen unvermeidbar sein mag und bürokratische Organisationen immer in einem größeren Maße durch Regeln gebunden werden müssen als Geschäftsbelange, so hat dies Gründe, die wenig mit unserem Problem zu tun haben. Es ist der Unmöglichkeit zuzuschreiben, automatische Effizienztests zu entwickeln, wie dies durch Geldgewinne in Handelsangelegenheiten geleistet wird[12]. Es gibt eine Reihe von Gründen, warum die Individuen in einer großen Organisation in gewissem Maße durch Regeln gebunden werden müssen und in dem folglich das Problem des Ermessens auftritt, jedoch in einer Form, die keine Verbindung zu unserem Problem hat und damit nicht verwechselt werden soll.

Das Problem von Ermessensmacht, das in Verbindung mit der Herrschaft des Gesetzes relevant ist, ist kein Problem der Begrenzung der Macht von bestimmten Agenten der Regierung, sondern der Machtbefugnisse der Regierung als Ganzes, oder vielleicht sollte ich sagen, es ist ein Problem der Entfaltungsmöglichkeit von Verwaltung im Allgemeinen. Dass die Regierung zum wirksamen Gebrauch der ihr zur Verfügung gestellten Mittel befähigt sein muss, dass sie dazu einen großen Teil von Ermessen ausüben muss, soll nicht bestritten werden. Aber der wichtige Punkt ist, dass der private Bürger und sein Eigentum in diesem Sinne nicht ein Objekt der Verwaltung durch die Regierung sind, nicht ein Mittel, das für ihre Zwecke auf eine Weise genutzt wird, die ihre Agenten als besonders nützlich erachten. Dass der Weg, den privaten Bürger zu veranlassen, seine Ressourcen zum Gemeinwohl zu nutzen, bedeutet nicht, ihn zu gängeln, sondern ihn zu veranlassen, allgemeine Regeln zu befolgen. Nur in so weit wie die Verwaltung Eingriffe in die Privatsphäre des Bürgers impliziert, ist die Frage des Ermessens in dieser Verbindung relevant und dass das Prinzip der Herrschaft des Gesetzes in der Tat erfordert, dass die Verwaltung keinerlei Ermessensmacht in diesem Sinne haben soll.

Wie ich zuvor erwähnt habe, ist es nur in ihren Zwangshandlungen gegenüber den privaten Bürgern, dass die Machtbefugnisse der Exekutive durch Gesetz beschränkt werden müssen und dass Ermessen vorgebeugt werden muss. Indem sie nach den Regeln des Gesetzes handelt, wird die Verwaltung immer noch Ermessen bei der Interpretation der Regeln des Gesetzes ausüben müssen. Aber dies wird ein Ermessen sein, das durch die Möglichkeit der Überprüfung der Substanz der Verwaltungsentscheidung durch ein unabhängiges Gericht kontrolliert werden kann und kontrolliert werden muss. Dies bedeutet, dass die Entscheidung von den Grenzen des Gesetzes und von solchen Umständen ableitbar sein muss, auf die sich das Gesetz bezieht, und die den betroffenen privaten Parteien bekannt sein können. Was nicht in die Entscheidungen einfließen muss, sind die augenblicklichen Ziele der Regierung, die besonderen Werte, die sie den verschiedenen konkreten Zwecken beimisst oder ihre Präferenzen hinsichtlich der Wirkungen ihrer Handlungen auf verschiedene Personen. Wir kommen hier zu der wichtigen Unterscheidung von Recht und Politik und was ich hier erörtere, ist im Wesentlichen das alte aber irgendwie vergessene Prinzip, dass Zwang unter der Herrschaft des Gesetzes nur bei Durchführung einer allgemeinen Regel zulässig ist und nicht im Dienst eines bestimmten Politikziels. Es ist diese Unterscheidung, die letztlich den Unterschied zwischen willkürlicher Herrschaft und Herrschaft des Gesetzes ausmacht.

Obwohl ich wiederholt von dem Erfordernis gesprochen habe, dass die Substanz von Verwaltungsentscheidungen Gegenstand einer Überprüfung durch unabhängige Gerichte sein sollte, habe ich noch nicht genügend die Unterscheidung dargelegt, auf die ich mich hier mit dem Wort „Substanz" beziehe. Aber es ist hier, wie ich in meiner ersten Vorlesung erwähnt habe, wo unsere Freiheit davon abhängt, was zunächst einem Laien als eine geringfügige, technische Einzelheit erscheinen mag, als ein feiner rechtlicher Punkt, an dem er nicht interessiert ist und den er kaum versteht, aber sofern der öffentlichen Meinung die Bedeutung dieses Punktes voll bewusst ist, und wenn er als zentraler Gegenstand im Kampf für eine Beschränkung der Macht der Regierung erkannt wird, wird es uns nicht gelingen, eine wirksame Zügelung der willkürlichen Macht zu bewirken.

Während in allen Ländern, welche die Rechtmäßigkeit ihrer Verwaltung vorgeben, indem einigen Arten von Tribunalen Macht gegeben wird, die Rechtmäßigkeit von Verwaltungshandeln zu verleihen, bezieht sich diese Macht häufig und mit zunehmender Häufigkeit lediglich auf die Frage, ob die fragliche Behörde Macht hatte, in der fraglichen Sache zu handeln und nicht auf die Frage, ob die besondere Entscheidung, die sie traf, durch das Gesetz erforderlich war. Oder, um die gängigen rechtlichen Begriffe zu verwenden: Die Befugnisse des überprüfenden Gerichts erstrecken sich häufig nur auf die Frage, ob der Verwaltungsakt *infra vires* oder *ultra vires* der betroffenen Behörde war, nicht aber auf die Frage, ob die Entscheidung innerhalb der Grenzen war, die aus einem vorangegangenen Gesetz folgten. Wir haben gesehen, wie diese Unterscheidung notwendig wurde, als zunächst Verwaltungsgerichte in Ländern auf dem Kontinent errichtet wurden, um den eingeführten Funktionen einer hochentwickelten Bürokratie Grenzen zu setzen, ohne dass detaillierte Regeln formuliert worden waren, um ihre Handlungen zu leiten. Jedoch in jüngster Zeit und in Ländern des Common Law sogar mehr noch als in jenen des kodifizierten Rechts ist es zunehmend die Regel geworden, dass die Gesetzgebung die gerichtliche Überprüfung ausdrücklich auf die Frage beschränkt, ob ein Handeln *ultra vires* war oder nicht und dass sie den Verwaltungsbehörden vollständige Befugnisse erteilt, innerhalb dieser Grenzen frei zu handeln. Es ist hier, wo Verwaltungsdespotie beginnt.

Ich muss nochmals betonen, dass dies ernste Fragen nur insofern aufwirft, als Verwaltungsakte Zwang von privaten Bürgern beinhalten, d.h. sofern sie in ihre geschützte private Sphäre eingreifen. Aber es macht in der Tat keinen wesentlichen Unterschied, ob dieser Zwang die Form annimmt, dass ein Individuum durch eine spezifische Anweisung gezwungen wird, eine bestimmte Handlung vorzunehmen oder zu unterlassen, oder ob ein allgemeines Gesetz allen Bürgern solche Pflichten auferlegt und den Verwaltungsbehörden Vollmacht erteilt wird, Ausnahmen zu erlauben. Die beiden Methoden unterscheiden sich nur in der Form und das Ergebnis ist genau das gleiche: Der entscheidende Punkt ist, dass in beiden Fällen die gleichen Regeln nicht für alle gelten, dass es einer Person erlaubt ist oder sie gezwungen wird, Dinge zu tun, die einer anderen nicht erlaubt sind oder zu denen sie gezwungen wird, und dass eine Verwaltungsbehörde die Macht hat, zwischen Menschen zu diskriminieren, nicht in Übereinstimmung mit einer objektiven Regel, sondern wie es ihr zweckmäßig erscheint im Hinblick auf die Ergebnisse, die sie erzielen möchte.

18. Gesetzgebung und Politik

Ich muss noch einige wenige Worte über den wichtigen Unterschied zwischen Gesetzgebung und Politik sagen, obgleich dieser Gegenstand zu groß ist, dass ich ihm nicht mehr als einen Blick im Vorübergehen widmen kann. In der laufenden Verwendung wird der Unterschied häufig verdunkelt, aber es macht guten Sinn, wenn die beiden Konzepte bewusst kontrastiert werden. In der Tat beinhaltet Gesetzgebung in einem gewissen Sinn immer Politik, lediglich langfristige Politik. Dennoch gibt es deutlich einen Unterschied zwischen dem Festlegen von Regeln, die im Ganzen für Umstände zutreffen, die nicht vorausgesehen werden können, die alle Betroffenen begünstigen sowie die Richtung der Aktivitäten, die auf spezifische, konkrete Ziele gerichtet sind. Was die wirksamste Handlung für die Regierung sein mag, ein bestimmtes Ergebnis in einem bestimmten Augenblick zu erzielen und was die günstigste Regel ist, die auf solche Situationen angewendet wird, wenn die Menschen die gleiche Regel in allen Situationen dieser Art befolgen, das sind deutlich verschiedene und häufig konfligierende Überlegungen. Wenn die Regierung in ihren Handlungen an formelle Regeln gebunden ist, was von ihr zu tun verlangt wird, hängt dies von den Situationen ab, die die Bürger schaffen, würde es für die Regierung unmöglich sein; die Wirkungen zu bestimmen, die ihre Handlungen für bestimmte Menschen haben würden. Wenn andererseits die Regierung bestimmte Wirkungen für bestimmte Leute erreichen möchte, muss sie nicht an formelle Regeln gebunden sein und sie kann den Menschen nicht erlauben, solche Regeln zu nutzen, wie sie können.

Politik in dem engen Sinn, in dem sie mit der Gesetzgebung kontrastiert wird, ist die Aufgabe, die Mittel, die der Regierung zur Verfügung stehen, an die sich ständig ändernden Erfordernisse des Tages anzupassen, aber nur jene Mittel, die normalerweise nicht den privaten Bürger und sein Eigentum betreffen. Verwaltung in der technischen Bedeutung des Wortes ist die Durchführung von Politik in diesem Sinne: die Entscheidung, was die wichtigste und dringlichste Aufgabe im Augenblick ist. All die Dienste, welche die Regierung den Bürgern anbietet, von der Verteidigung bis zum Straßenbau, beinhalten solche tagtäglichen Entscheidungen der Politik. Aber ob und wie irgendein individueller Bürger gezwungen werden mag, ist unter der Herrschaft des Gesetzes nicht eine Sache der Politik in diesem Sinne, sondern eine Sache der Regel, die durch eine Behörde entschieden werden muss, die nichts von den gegenwärtigen Zielen der Regierung weiß, sondern die nur die Regeln des Gesetzes kennt.

Die Sache wird noch weiter durch die Tatsache verdunkelt, dass das Wort „Politik" häufig in Verbindung mit Grundsätzen gebraucht wird, welche die Gerichte anzuwenden haben. Wenn gesagt wird, dass es eine offensichtliche Politik ist, nicht Verträge durchzusetzen, die unmoralischen Zwecken oder zu Handelsbeschränkungen dienen, bezieht sich dies nicht auf „Politik" in dem spezifischen Sinn, indem sie sich von

Gesetzgebung unterscheidet, sondern im Gegensatz zu einem Prinzip, das als Herrschaft des Gesetzes erkannt wird.[13]

19. Grundrechte und die geschützte private Sphäre

Ich komme nun zum letzten Hauptelement der Doktrin der Herrschaft des Gesetzes. Ich habe bereits zu mehreren Gelegenheiten erwähnt, dass das Konzept des Zwangs eine bestimmte Bedeutung haben sollte, es notwendig ist, dass eine bestimmte Sphäre umrissen werden sollte, innerhalb der das Individuum seine eigenen Pläne verfolgen kann. Es muss wissen, dass so lange es sich an die Regeln hält, die diese Sphäre definieren, es niemand davon abhalten kann, das zu tun, was es will, und dass es keine Erlaubnis von irgendeiner Behörde braucht, um das zu tun, was jedem unter den gleichen Umständen erlaubt ist. Um diese freie Sphäre eines Individuums festzulegen, wird eine Liste von individuellen Grundrechten häufig in Verfassungen angeführt. Ihre wichtigsten Elemente werden immer noch durch die klassische Formel von „Leben, Freiheit und Besitz" angegeben, obgleich die Freiheit der Rede, der Religion, der Presse und der Versammlung ebenso wesentlich ist. Ich brauche hier besonders nur eines dieser Grundrechte betrachten, das in moderner Zeit so häufig in Frage gestellt wird, besonders von den sogenannten Progressiven, und das dennoch, neben der Freiheit von körperlicher Beschränkung am entscheidensten ist, das Recht auf Privateigentum. Es kann keine freie Sphäre für das Individuum geben, sofern es weiß, welche Dinge der materiellen Welt es kontrollieren und wie es sie kontrollieren kann für die Ziele, die es verfolgt. Es ist sehr zweifelhaft, ob es überhaupt etwas geben kann, was wir Gesetz nennen, ohne die Institution des Privateigentums. Wenn das Gesetz Regeln bereitstellen soll, welche die Beziehungen zwischen den individuellen Privatsphären bestimmen, müssen diese Regeln vor allem sagen, wie diese Grenzen durch freiwilliges Handeln der Individuen verändert werden können.

Es ist eine große Vielfalt in dem besonderen Inhalt dieser Regeln möglich und die klassischen Formeln über das „Privateigentum" und die „Vertragsfreiheit" sagen uns viel über das, was der Inhalt dieser Regeln sein sollte. Der wichtige Punkt ist jedoch, dass sie in der Form von allgemeinen Regeln festgelegt werden sollten, soweit die Sphäre, in der das Individuum seinem eigenen Willen folgen kann und die Bedingungen und die Art und Weise, in der es gezwungen werden kann, deutlich bekannt sind.

Die Anerkennung solch einer Privatsphäre kann in der Tat nicht bedeuten, dass sie unter allen Umständen unantastbar sein muss und dass der genaue Charakter der Regeln, die festlegen, wann sie verletzt werden kann, vielleicht genauso wichtig ist wie ihre Abgrenzung. Wir haben gesehen, damit es dem Individuum unter der Herrschaft des Gesetzes möglich sein soll, seine eigenen Angelegenheiten erfolgreich zu planen, es in der Lage sein sollte, die Umstände zu kennen oder vorauszusehen, was ihm erlaubt sein wird und was nicht. Das bedeutet, dass nach einer allgemeinen Regel Umstände, die jenseits seines Blickfeldes liegen, nicht zum Anlass für Zwang gemacht werden sollten. Wir müssen jedoch eingestehen, dass außergewöhnliche Umstände auftreten werden, unter denen es im höchsten Interesse der Gemeinschaft wäre, dass bestimmte

Individuen dazu gebracht werden, Dinge als ein Ergebnis von Ereignissen zu tun, die sie nicht kennen, und auf eine Weise, die keine Regel vorsieht. Naturkatastrophen, Krieg oder andere plötzliche Gefahren kommen vor, die eine konzertierte Aktion von denjenigen erfordert, die die Fakten kennen, die vorkommen und denen begegnet werden soll. Da das Individuum unter normalen Umständen wahrscheinlich am meisten zum Gemeinwohl beitragt, wenn es sich um seine eigenen Angelegenheiten kümmert, können wir es nicht immer ihm überlassen, zu entscheiden, ob irgendein gemeinsamer Zweck wichtiger ist als sein eigenes besonderes Anliegen. Es gibt verschiedene Erwägungen, die aus dem einen oder anderen Grund sich nicht in Preisverhältnissen niederschlagen und normalerweise dem Individuum helfen, seine Handlungen an Ereignisse anzupassen, von denen es nichts wissen kann. Und die Geschwindigkeit des erforderlichen Handelns mag gelegentlich erfordern, dass sogar der private Bürger sich unter den Befehl einer Behörde stellen muss.

Wenn wir uns jedoch für alltägliche Zwecke auf die freien Entscheidungen von Individuen verlassen sollen, ist es wichtig, dass solche Verletzungen ihrer Privatsphäre die Ausnahme sein sollten und dass diejenigen, welche sie hinnehmen sollen, nicht noch für die Enttäuschung ihrer legitimen Erwartungen leiden sollten. Während es Hüter des gemeinsamen Interesses geben muss, die Notstandsbefugnisse ausüben können, ist es wichtig, dass diese Befugnisse durch eine unabhängige Behörde in Schach gehalten werden. Die Vorkehrungen, die zu diesem Zweck entwickelt worden sind, sind eng miteinander verbunden und sind Beschränkungen solcher Befugnisse (wie das Gesetz der „eminent domain“) und besonderer Bedingungen wie die amerikanische Regel der „clear and present danger“ sowie die Vorschrift, dass die gesamten Kosten für das Individuum aus solch einer Verletzung von der Gemeinschaft zu tragen sind oder, mit anderen Worten, dass volle Entschädigung für jede Verletzung der privaten Eigentumsrechte oder andere legal erworbener Rechte gegeben ist. Es gibt in solchen Fallen keine Rechtfertigung, um ein Opfer von dem besonderen Individuum zu verlangen und in der Tat jeder Fall, solcher Verletzung ist darauf zu beschränken, wo der gesellschaftliche Gewinn so groß ist, um eine beträchtliche Spanne für großzügige Entschädigung zu belassen. Es ist offensichtlich wünschenswert, dass in all solchen Fällen ein unabhängiges Gericht über nicht nur die Legitimität der Verletzung sondern auch über die angemessene Entschädigung entscheiden sollte - nicht nur, um die Freiheit des Individuums zu schützen, sondern kaum weniger, um die Verwaltungsbehörde zu zwingen, alle Kosten zu zählen, denn es ist eine inhärente Tendenz von allen Expertenverwaltungen, die Bedeutung ihrer unmittelbaren Ziele zu überschätzen und den indirekteren Schäden, die sie verursachen nur unangemessene Aufmerksamkeit zu widmen.

Was all dies nun zu bedeuten hat, ist, dass die Herrschaft des Gesetzes verlangt, dass Verwaltungsermessen bei Zwangshandlungen (d.h. bei Verletzungen der Person und des Eigentums von privaten Bürgern), immer der Überprüfung durch ein unabhängiges Gericht unterworfen sein muss, das nicht Instrument der Regierung oder gar in die Ziele der laufenden Regierungspolitik eingeweiht ist. Seine Überprüfung muss sich in all diesen Fällen auf die Substanz des Verwaltungsaktes erstrecken und nicht nur auf die Frage, ob er *infra* oder *ultra vires* war, und dass, wenn Gerichte herausfinden, dass die Rechte von privaten Bürgern verletzt wurden, sie die Schäden genau prüfen, genau so, als ob das Recht einer Person durch einen anderen Bürger verletzt worden wäre. Das ist zusätzlich zu den bekannten Erfordernissen der Allgemeinheit, Gleichheit und Bestimmtheit des Gesetzes der Kern der Sache, der entscheidende Punkt, von dem es abhängt, ob die Herrschaft des Gesetzes vorherrscht oder nicht.

VORLESUNG IV

Der Niedergang der Herrschaft des Gesetzes

Necessity is the plea for every infringement of human freedom. It is the argument of tyrants; it is the creed of slaves

William Pitt

20. Ein Minimalprogramm für Freiheit

Der offensichtlichste Einwand gegen die Rolle als Hauptsicherung der individuellen Freiheit, den ich der Herrschaft des Gesetzes zugeschrieben habe, ist, dass sie unzureichend ist, um diesen Zweck zu erreichen. Darin liegt einige Berechtigung. Die Herrschaft des Gesetzes gibt uns nur eine notwendige und nicht eine hinreichende Bedingung für Freiheit. Innerhalb des Rahmens, den sie für Gesetzgebung und Verwaltung lässt, mögen diese immer noch ärgerlich und schädlich sein. Aber sie scheint mir trotzdem nicht nur eine wesentliche Minimalbedingung für Freiheit zu sein, sondern in der Praxis auch das sicher zu stellen, was am wichtigsten ist. Folglich sind alle Gesetze und Institutionen, die gegen das Ideal der Herrschaft des Gesetzes verstoßen, grundsätzlich abzulehnen, während ein beliebiges Gesetz, das ihr entspricht, nach seinem individuellen Wert beurteilt werden soll. Solch ein Gesetz mag immer noch dumm oder schädlich sein, aber die Gründe, nach denen es abgelehnt wird, müssen seine spezifischen Wirkungen sein, nicht dass es ein allgemeines Prinzip verletzt, wie Nichtintervention, „laissez-faire" oder ähnliches. In der Tat scheint mir das Konzept der Herrschaft des Gesetzes die einzig sinnvolle Bedeutung für das Konzept der „Intervention" zu liefern, nach dem die Forderung nach Nichtintervention gerechtfertigt ist. Niemand von denen, die sich gegen Staatsintervention wandten, meinten zu argumentieren, dass der Staat überhaupt nichts tun sollte. Aber wenn immer der Staat handelt, greift er in irgendetwas ein. Was das Prinzip[1] der Nichtintervention tatsächlich bedeutet, ist, dass der Staat nicht in eine private Sphäre der Bürger eindringen sollte, die klar durch allgemeine Regeln definiert ist.[2] Ich glaube, dass dies auch das ist, was die ernsthafteren Verteidiger des „laissez-faire" mit dieser Redewendung meinten.

Das Feld welches unser Prinzip immer noch für mögliches Staatshandeln offen lässt, ist enorm. Alles, was erreicht werden kann, indem allgemeine Regeln festgelegt und durchgesetzt werden, die gleichermaßen auf alle anzuwenden sind, ist im Grundsatz durchaus zulässig. Das umfasst besonders all die Regulierungen der Produktion durch Erfordernisse zur Sicherheit, Gesundheit und Qualität des Produkts. Es liefert keinen Grund, gegen den Staat einzuwenden, sich in Produktion und Handel zu betätigen, so lange er nicht Private davon abhält, zu tun, was er tut. Und das Prinzip erlaubt sogar allgemeine Verbote von Produktionen und von gewissen Artikeln, einschließlich solcher absurder Regulierungen wie Luxusgesetzen, und es mag genutzt werden, um einen hohen Grad von Einheitlichkeit von Umgangsformen und Verhalten zu erzwingen, solange wie diese Regeln wirklich allgemein sind und niemand die Macht hat, Ausnahmen zu gewähren. Es wäre grundsätzlich sogar möglich, weil den Erfordernissen der Herrschaft des Gesetzes streng entsprechend, so etwas durchzusetzen, wie religiöse Übereinstimmung, eine der anstößigsten Formen der Unterdrückung für jede freiheitsliebende Person obwohl ein großer Teil der dummen und schädlichen Gesetzgebung unter der Herrschaft des Gesetzes immer noch möglich wäre, ist es zumindest nicht wahrscheinlich, dass eine unterdrückende Gesetzgebung unter ihr durchgeführt würde. Das Erfordernis, dass alle Gesetze gleichermaßen für alle anwendbar sein sollen, dass niemand die Macht haben sollte, sich von ihnen zu befreien, macht dies sehr unwahrscheinlich. Ich will einräumen, dass einige religiöse Fanatiker erwünschen möchten, allgemeine Regeln durchzusetzen, die andere als sehr schwere Beschränkungen ihrer Freiheit empfinden würden. Aber es gibt zumindest einige Vernunftgründe, aufgrund derer man es erwarten könnte, allen solche Beschränkungen aufzuerlegen, und wo man versucht sein könnte, wie im Fall des Verbots von alkoholischen Getränken und ähnlichem, würden sie wahrscheinlich nicht lange wirksam bleiben, wenn eine beträchtliche Zahl von Leuten sie als unterdrückend betrachten würde.

21. Was nicht unter der Herrschaft des Gesetzes getan werden kann

Warum sollte dann ein Prinzip, das ein so weites Feld an Aktivitäten des Staates offen lässt, und unter dem Raum für eine nahezu unendliche Vielfalt an Experimentierung und Verbesserung zu sein scheint, unter anhaltendste Attacken geraten und in der Folge allmählich aufgegeben worden sein? Die Antwort ist, dass es gewisse Arten von Staatstätigkeit verhindert und in der Tat genau die Art, die unter dem Einfluss sozialistischer Doktrinen während der letzten hundert Jahre sehr populär geworden ist. Das Prinzip der Herrschaft des Gesetzes ist eng verbunden mit der Anerkennung des Privateigentums, besonders des Privateigentums an Produktionsmitteln, das der Sozialismus ablehnt. Und es ist unverträglich mit jener allgemeinen Lenkung der ökonomischen Aktivität, die heute als „ökonomische Planung" bekannt ist, mit der der Sozialismus das System von Privateigentum und Markt ersetzen will.

Die Unverträglichkeit der beiden Konzeptionen von Ordnung der Gesellschaft ist tatsächlich so offensichtlich, dass die Begründer des Sozialismus wenig Zweifel daran hatten, obwohl ihre heutigen Nachfolger sie bestreiten möchten. Mit Individuen, die von Natur aus sehr verschieden in ihren individuellen Fähigkeiten, Neigungen und Temperamenten sind, muss die Anwendung gleicher Regeln sehr ungleiche Wirkungen auf ihre Position haben. Wenn Sie Menschen gleich machen wollen, die in vielerlei Hinsicht ungleich sind, müssen Sie sie ungleich behandeln. Wenn Sie Menschen nicht nach dem Wert entlohnt sehen möchten, den ihr Produkt für die Gesellschaft hat, sondern nach dem subjektiven Verdienst, müssen Sie jemanden Macht geben, jenes Verdienst zu bestimmen und ein Entgelt entsprechend zuzuweisen. Wenn Sie wünschen, dass Staatshandeln die Individuen dazu bringt, besondere Ergebnisse für diese und andere bestimmte Individuen zu erzielen, können Sie das Staatshandeln nicht einmalig durch abstrakte Regeln festlegen, sondern Sie müssen es erlauben, das Handeln den besonderen Umständen von Zeit und Raum anzupassen, sich davon leiten zu lassen, was der handelnden Behörde zweckmäßig erscheint im Lichte ihres Wissens und der besonderen Ziele, die sie im Augenblick verfolgt.

Es ist unmöglich, zu entscheiden, was und wie viel produziert werden soll, ohne gleichzeitig zu entscheiden, wie die verschiedenen produktiven Kräfte genutzt werden sollen, was vor allem bedeutet, ohne zu entscheiden, wer was tun soll. Dies zeigt sich plötzlich, wenn die Regierung es übernimmt, die Mengen und Preise von Gütern zu kontrollieren. Um einen Preis aufrecht zu erhalten, der verschieden vom Marktpreis ist, ist es notwendig, zu entscheiden, wem es erlaubt ist, zu dem so fixierten Preis zu kaufen oder zu verkaufen. Es ist gleichermaßen unmöglich, sicher zu stellen, dass eine gewisse Menge eines Gutes produziert wird, ohne zu entscheiden, wer es produzieren soll und wer nicht. Dies erscheint bereits unter den einfachsten Umständen, unter denen Lizenzierung genutzt wird, um das Angebot an die „lokalen Bedürfnisse" anzupassen. Die „Bedürfnisse" mögen vielleicht entsprechend einem objektiven Kriterium bestimmt werden, obwohl sogar dies in den meisten Fällen zweifelhaft ist. Aber wer diese Bedürfnisse beliefern soll, kann nur durch willkürliche Diskriminierung entschieden werden.

Die Lenkung der Wirtschaftstätigkeit beinhaltet somit notwendig Diskriminierung zwischen Personen, die Schaffung von Monopolen und Privileg, während das Ziel der Herrschaft des Gesetzes die Abschaffung jeglichen Privilegs ist, ob dies zu Gunsten der Starken oder der Schwachen sei. Und es ist nicht wenig schädlich für die Freiheit, wenn den Schwachen eine Ausnahme von allgemeinen rechtlichen Regeln gewährt wird als wenn sie den Starken gewährt wird. Sobald die Tür einmal für Differenzierung aufgrund von Verdiensten oder Bedürfnissen geöffnet wird, wird es willkürlicher Wille statt objektiver Regel sein, was über die Menschen herrscht.

Abgesehen von den Fällen, in denen völlige Lenkung der Wirtschaftstätigkeit versucht wird, wird häufig administrative Zweckmäßigkeit als Entschuldigung gebraucht, um ausschließliche und willkürliche Macht auf Regierungsbehörden da zu übertragen, wo die Natur der Tätigkeiten dies nicht erfordert. Das gilt besonders für solche Bereiche wie Ausbildung und die verschiedenen sozialen Dienste, wo wahrscheinlich viel dafür spricht, dass der Staat bei der Organisation hilft und solche Dienste finanziert. Aber wo die Gefahren aus der Tendenz der meisten Staaten erwachsen, ausschließliche Vollmachten zu übernehmen und die Teilnahme in seinen Organisationen zu erzwingen, wird in der Tat nicht bestritten, dass dies häufig der schnellste und in diesem Sinne der wirksamste Weg ist, um sofort das wahrgenommene Ziel zu erreichen. Es sollte jedoch daran erinnert werden, dass so ein ganzer Bereich aus dem Bereich spontanen Wachstums ausgeschlossen wird, der unmittelbare Vorteil langfristig zu einem hohen Preis erkauft wird. Es mag zutreffen, dass, indem wir ein einziges, einheitliches und zwangsweises System der Krankenversicherung institutionalisieren, wir unsere gegenwärtigen Ziele schneller als auf eine andere Weise erreichen; aber wir verhindern auch die allmähliche Entwicklung neuer Lösungstypen für das Problem, die, wie das amerikanische Beispiel zeigt, wettbewerbliche Experimentierung früher oder später hervorbringt.

Ich muss hier kurz einen anderen Punkt berühren, den ausführlich zu entwickeln ich keine Zeit habe: In scheinbarem Widerspruch zu der Unterscheidung, die ich getroffen habe, kann gesagt werden, dass jegliche staatliche Aktivität Zwang beinhaltet, wenn in keiner anderen Form als zumindest durch die Methode, sie zu finanzieren. Und, wie ich eingeräumt habe, da die Verwaltung in vielen ihrer Aktivitäten nicht an Regeln gebunden werden kann, würde es scheinen, dass Zwang unausweichlich in Verbindung mit Verwaltungsmacht genutzt wird. Das mag auf eine Weise wohl zutreffen, aber nicht in einem Sinn, der im Widerspruch zum allgemeinen Grundsatz steht. Wenn wir zustimmen, zu einer gemeinsamen Kasse nach einer allgemeinen Regel beizutragen und dann einen Agenten anweisen, das Geld auszugeben, wie er dies für einen vorgegebenen Zweck als nützlich erachtet, beschränkt dies nicht unsere Freiheit. Es gibt in der Tat wenige Bereiche, in denen Verwaltungszwang streng an Regeln gebunden werden kann, wie das für die Besteuerung zutrifft. Ob die nun breit akzeptierten Grundsätze der Besteuerung dem Grundsatz der Gleichheit vor dem Gesetz entsprechen, ist eine andere Frage. Persönlich habe ich schwerwiegende Zweifel, ob das Prinzip der progressiven oder abgestuften Einkommensbesteuerung das immer beinhaltet, dass Menschen ungleiche Bezahlung für gleiche Arbeit erhalten, mit dem Ideal der Gleichheit vor dem Gesetz vereinbar gemacht werden kann. Aber das ist eine andere Sache, auf die ich hier nicht eingehen muss.

22. Die sozialistische Revolte gegen die Herrschaft des Gesetzes

Ich habe bereits die Tatsache angesprochen, dass Sozialisten früh erkannten, dass Menschen gleich zu behandeln, zu Ungleichheit führen muss und dass sie zumindest seit der französischen Revolution hartnäckig das Begehren nach materieller Gleichheit dem Ideal von rein „formaler" Gleichheit vor dem Gesetz entgegen gestellt haben. Im Verlauf des 19. Jahrhunderts wurde es zum Standardeinwand gegen das kapitalistische System und erhielt seinen klassischen Ausdruck in der höhnischen Bemerkung von Anatole France:

> *„La majestueuse égalité des lois, qui interdit aux riches comme aux pauvres de coucher sous les ponts, de mendier dans les rues et de voler du pain"*

Es gibt wenig Sätze die durch wohlmeinende Menschen häufig unbedacht wiederholt wurden, ohne zu bemerken, dass sie die Grundlagen jeglicher unpersönlicher Gerechtigkeit verspotten.

Diese Ideen wurden systematisch entwickelt von den Rechtstheoretikern des Sozialismus. Eine der deutlichsten Aussagen kann in den Schriften des österreichischen Juristen Anton Menger (dem Bruder des berühmten Ökonomen Carl Menger) gefunden werden:

„By treating in a perfectly equal manner all citizens, without regard to their personal qualities and economic position, and admitting unlimited competition between them, it was brought about that the production of goods was increased without limits, but also that the poor and weak had only a small share in that increased output. The new economic and social legislation attempts therefore to protect the weak against the strong and secure for them a moderate share in the good things of life. This is because it is today understood that there is no greater injustice than the treating as equal what in fact is unequal." [4]

Der Höhepunkt dieser Entwicklung kam mit dem Aufstieg dieser Schule marxistischer Juristen im kommunistischen Russland, die zwar erkannten, was Jeremy Bentham bereits gewusst hatte, dass „property and law are born and must die together"[5] und der die konsistente Schlussfolgerung zog, dass mit dem Verschwinden des Privateigentums Gesetz und Gerechtigkeit, wie wir sie kennen, ebenfalls verschwinden müssen. Paschukanis, der einstige Führer dieser Schule, erledigte das Ideal der Herrschaft des Gesetzes als bloße Illusion, die den Bürgerlichen sehr bequem war.[6] Nach ihm wird genau das Ideal der Gerechtigkeit, wie wir es kennen, von den Austauschbeziehungen abgeleitet und hat neben ihnen keinerlei Bedeutung[7]:

„The administrative technical direction by subordination to a general economic plan ...requires a procedure of direct, technologically determined directives in the shape of programs and plans for production and distribution. Such directives are concrete and change constantly according to changing conditions. The gradual victory of this tendency means the gradual dying out of law as such"[8]
In short, „as, in a socialist community, there was no scope for autonomous private relations, but only for regulations in the interest of the community, all law is converted into administration, all fixed rules into direction and utility"[9]

Obwohl Paschukanis später ein Opfer der periodisch wechselnden Doktrinen[10] wurde, war er keineswegs allein dieser Ansicht, sondern lediglich der freimütige Repräsentant einer Schule, die konsistent Schlussfolgerungen zog, welche dem Sozialismus innewohnen. P.J. Stuchka, der Präsident des sowjetischen obersten Gerichtshofs erklärte ähnlich 1927 in einem offiziellen Handbuch des Zivilrechts, dass:

„Communism means not the victory of socialist law, but the victory of socialism over any law, since with the abolition of c1asses with their antagonistic interests, law will disappear altogether"[11]

Anderswo verliefen die Dinge weniger schnell aber die Tendenzen, die dem Sozialismus innewohnen, machten sich weniger klar bemerkbar. Es gibt viele Gründe dafür, warum der Fall Deutschland, wo die Umkehr des Trends begann und weiter geführt wurde, bis die Russen übernahmen, am interessantesten ist. Es würde verstärkte Aufmerksamkeit verdienen, als ich hier geben kann und als ihm gewöhnlich in anderen Ländern gewidmet wird. Wir haben gesehen, wie die Vervollständigung der Maschinerie des Rechtsstaates zusammentraf mit einer allgemeinen Meinungsänderung in Richtung Staatssozialismus. Sie begann das Recht früh und in viele Richtungen zu beeinflussen. So früh, wie 1893, bemerkte ein berühmter Kriminologe, dass:

„the rising socialist generation who emphasize the common interests more than their predecessors and for whom the word „freedom" has an archaic sound, is shaking the foundations."[12]

An der Wende des Jahrhunderts war es zu einer akzeptierten Doktrin geworden, dass der individualistische *Rechtsstaat* eine Sache der Vergangenheit war, besiegt durch die Kräfte der „nationalen und sozialen Ideen"[13] oder, wie ein anderer Schüler des Verwaltungsrechts den Prozess im Nachhinein beschrieb:

„We are to that extent returning to the principle of the police state that we again recognize the ideas of a Kulturstaat. The only difference is in the means. On the basis of laws the modern state permits itself everything, much more than the police state did. Thus, in the course of the 19th century the term Rechtsstaat was given a new meaning. We now understand by it a state whose whole activity takes place on the basis of laws and in legal form. On the purposes of the state and the limits of its competence the term Rechtsstaat in the present day meaning says nothing."[14]

Er betont, dass dies ein Ergebnis der großen Bewegung ist, die sich in den 1870igern gegen den Liberalismus erhob.[15]

Dieser Prozess war sogar im Kaiserreich sehr weit gegangen und wurde in der Weimarer Republik stark beschleunigt. Sein Charakter und seine Ursachen wurden dann von einigen Beobachtern klar erkannt. In einer detaillierten Studie der Wirkungen der Bemühungen, den sozialistischen Staat zu realisieren, führte ein deutscher Jurist 1930 aus, dass die doktrinäre Entwicklung bereits die Hindernisse zum endgültigen Verschwinden des *Rechtsstaates* entfernt und die Tore zum Sieg der Vorherrschaft des faschistischen bolschewistischen Willen des Staates[17] geöffnet habe. Das ist genau das, was in Deutschland drei Jahre später geschah. Aber es muss hinzugefügt werden, dass nicht nur die Deutschen im Allgemeinen sondern auch die deutschen Sozialisten die fürchterliche Lektion von zweiundzwanzig Jahren willkürlicher, totalitärer Macht gelernt haben. Es ist sehr bedeutsam, dass das verehrte Haupt der sozialistischen Rechtsphilosophie, Gustav Radbruch, in einer seiner letzten Veröffentlichungen schrieb:

„though democracy is certainly a praiseworthy value the Rechtsstaat is the daily bread; and the greatest merit of democracy is that it alone is adopted to preserve the Rechtsstaat."[18]

Dass dies in der Tat nicht notwendig und unabänderlich für die Demokratie gilt, wird nur zu deutlich an Gustav Radbruchs eigener Darstellung der Entwicklung in Deutschland. Er wäre wahrscheinlich wahrhaftiger, es anders herum zu sehen und zu sagen, dass die Demokratie nicht länger bestehen wird, es sei denn sie bewahrt die Herrschaft des Gesetzes[19].

Ich kann mich nur beiläufig auf die sehr ähnliche Entwicklungen beziehen, die in Frankreich stattgefunden haben. Ich wünsche, ich hätte Zeit, um zumindest die alarmierende Beschreibung zusammen zu fassen, die Professor George Ripert in einem Buch unter dem Titel von *Déclin du Droit*[20] von diesem Land gegeben hat, oder von einem ähnlichen Bericht, den wir in Professor Paul Roubiers *Théorie générale du droit*[21] gegeben hat oder von einem ähnlichen Bericht, den wir in Professor Paul Roubiers *Théorie générale du droit*[21] finden. Ich muss mich darauf beschränken, einige von Professor Riperts Schlussfolgerungen zu zitieren. Er findet, dass

> „*Le moment où l'Etat entreprend de diriger l'économie, la servitude devient autrement étroite.*"[22]

Der Grund ist,

> „*Si la loi se borne à poser un principe en laissant à un règlement administratif le soin de donner les règles d'application, elle consacre une véritable abdication du pouvoir et le législateur livre les sujets de droit aux décisions de l'Administration. - Une telle politique est devenue de pratique habituelle dans la direction de l'économie.*"[23]

Und er findet, dass, wie es auf andere Länder zutrifft, die Verantwortung weitgehend auf Juristen lastet:

> *Il nous faut, tout d'abord faire le procès des juristes. Ce sont eux qui depuis un demi-siècle ont affaibli la notion du droit individuel sans avoir conscience qu'ils livraient ainsi ces droits à la toute puissance de l'Etat politique. Les uns étaient désireux de se classer parmi les hommes de progrès, les autres croyaient retrouver une doctrine traditionnelle étouffée par l'individualisme libéral du XIX siècle. Les hommes de science ont souvent une certaine candeur qui ne leur permet pas d'apercevoir les conséquences pratiques que d'autres tireront de leurs doctrines désintéressées*"[24]

23. Englische sozialistische Rechtswissenschaft

Während jedoch, trotz all dem, der Zauber des niemals vollständig erreichten Rechtsstaatsideals derart in den meisten kontinentalen Ländern war, dass selbst dann als es am vollständigsten unter der totalitären Herrschaft pervertiert wurde, der Name immer noch manchmal genutzt wurde als ein Mittel um die Realität zu verbergen, ist das Land, in dem die Herrschaft des Gesetzes am stärksten angegriffen wurde, das Ursprungsland gewesen. Für lange Zeit war es in Großbritannien ein Prozess des allmählichen Untergrabens des traditionellen Ideals, der nur von wenigen bemerkt wurde. So spät wie 1929 konnte die Herrschaft des Gesetzes immer noch beschrieben werden als „perhaps the political principle dearest to the heart of England".[25] Aber so früh wie 1925 beobachtete A.V. Dicey in einer neuen Einführung zur letzten Auflage seines Buchs über *The Law of the Constitution*, das er selbst herausgab, dass „the ancient veneration for the rule of law has in England suffered during the last thirty years a marked decline."[26]. Dieser Prozess setzte sich während der folgenden fünfundzwanzig Jahre beschleunigt fort, aber doch planlos und unbeobachtet von der Allgemeinheit. Kein Geringerer als der damalige oberste Richter von England äußerte einen starken Protest. Lord Heward's Buch *The New Despotism* von 1929 erzwang dem Gegenstand Öffentlichkeit. Es verursachte enorme Entrüstung unter den sogenannten Progressiven und wurde gründlich beschimpft als ein reaktionäres Pamphlet[28]. Aber es führte zur

Berufung eines „Committee on Ministers' Powers" durch den Schatzkanzler, dessen Bericht[29] jedoch, obwohl es milde den Doktrinen von A.V Dicey wieder zustimmte, tendierte im Ganzen dazu, die Gefahren zu minimieren. Die Untersuchung wandte sich weitgehend der Frage der Delegation zu, die, wie wir gesehen haben nur indirekt mit dem Hauptproblem verbunden ist insofern, als es nicht die Gesetzgebungsmacht ist, die delegiert wird, sondern der Grund für die Delegation ist, dass in der Tat keine allgemeinen Regeln festgelegt werden können, um die ausführenden Behörden zu binden und ihnen die Macht zu verleihen, in jedem besonderen Fall zu handeln, wie es die Zweckdienlichkeit verlangt. Das kommt nur gelegentlich in dem Bericht zum Ausdruck, wenn er einen der Gründe für die Delegation anführt, nämlich dass „many of the laws affect people's lives so closely that elasticity is essential."[30]

Es war jedoch in den Angriffen gegen diesen Bericht, dass eine ganze Schule von sozialistischen Juristen entstand, nahezu alles Kollegen und Schüler des verstorbenen Professor Harold Laski (der selbst Mitglied des Committee war). Die Bemühungen dieser Schule, die Einfluss weit über England und über erklärte Sozialisten gewonnen hat und deren Auffassungen nunmehr häufig als die moderne Auffassung der angelsächsischen Welt über diese Dinge dargestellt wird, verdienen gründliche Aufmerksamkeit. Der Angriff wurde eröffnet mit zwei Besprechungsartikeln über den Bericht und die Unterlagen, auf die er sich stützte durch (nun Sir) Ivor Jennings[31]. In diesen argumentierte er, dass die Doktrin der Herrschaft des Gesetzes im Sinne, wie sie im Bericht benutzt wird, nämlich als „equality before the law, the ordinary law of the land administered by ordinary courts ... taken literally ... is just nonsense"[32]. Seiner Auffassung nach „this rule of law is either common to all nations or does not exist"[33] während er einräumt, dass „the fixity and certainty of the law have been part of the English tradition for centuries", ist er nachweislich ungeduldig, dass diese Tradition nur „reluctantly breaking down" war. Seine gesamte Ironie war gerichtet gegen die Auffassung, geteilt "by most members of the Committee and most of the witnesses", „that there was a clear distinction between the function of the judge and the function of an administrator."[34]

In nur leicht modifizierter Form sind diese Auffassungen in ein Lehrbuch des gleichen Autors eingegangen[35]. Hierin wird abgelehnt, dass „the rule of law and discretionary power are contradictory"[36] oder dass es irgendeinen Widerspruch zwischen „regular law" und "administrative powers" gibt, wie Dicey das Prinzip interpretiert hatte, was bedeuten würde, dass öffentliche Behörden keine weite Ermessensmacht haben sollten und Herrschaft des Gesetzes bedeutete „a rule for Whigs and may be ignored by others"[37]. Aber zumindest Sir Jennings erkannte dann, dass „to a constitutional lawyer of 1870 or even 1880, it might have seemed that the British Constitution was essentially based on an individualist rule of law, and that the British State was the *Rechtsstaat* of individualist political and legal theory"[38]. Die Verfassung missbilligte Ermessensmacht, es sei denn, sie würde ausschließlich von Richtern ausgeübt. Wenn Dicey sagte, dass Engländer „are ruled by law and the law alone". „That would have been an exaggeration but it was good individualism"[39]

Auf manche Weise alarmierender wegen der offensichtlichen Mäßigung des Arguments, das in der Tat trotzdem die vollständige Aufhebung der Grundprinzipien der

Herrschaft des Gesetzes befürwortete, ist die verbreitet genutzte Abhandlung von Professor W.A. Robson[40]. Er verbindet einen lesenswerten Eifer, den chaotischen Zustand der Kontrolle des Verwaltungshandelns mit einer Auffassung über die Aufgaben von Verwaltungsgerichten, die sie als Beschützer der individuellen Freiheit vollkommen unwirksam machen würden. Die Arbeit zielt in der Tat hauptsächlich darauf, jenes „break-away from that Rule of Law which the late Professor A.V. Dicey regarded as an essential feature of the English Constitutional System“[41] zu beschreiben und zu beschleunigen. Sie beginnt mit einem systematischen Angriff auf das, was der Autor „the legendary separation of powers“ nennt, jenes „antique and rickety chariot“[42]. Für Professor Robson ist die ganze Unterscheidung von Gesetz und Politik „utterly false“[43], und die traditionelle Auffassung „that the judge is not concerned with government ends but with the administration of justice, a matter of ridicule“[44]. In der Tat betrachtet er es als einen der Hauptvorteile von getrennten Verwaltungsgerichten, dass ein solches Gericht „can enforce a policy unhampered by rules of law and judicial precedents ... Of all the characteristics of administrative law, none is more advantageous, when rightly used for the public good, than the power of the tribunal to decide the cases coming before it with the avowed object of furthering a policy of social improvement in some particular field; and of adapting their attitude towards the controversy so as to fit the needs of that policy”[45].

Weniger bedeutende Köpfe dieser Gruppe haben diese Auffassungen noch vertieft. In einem Essay über „The Planned State and the Rule of Law“ unternimmt es Professor W. Friedman[46] auf die erprobte Weise von jenen, welche die individuellen Freiheiten zerstören möchten, die Herrschaft des Gesetzes umzudefinieren („redefine“)[47] Sie geht hervor aus dieser missglückten Kritik an dem „whatever parliament as the supreme lawgiver makes it”.[48] Das ermöglicht in der Tat Professor Friedman „to assert with confidence that the incompatibility of planning with the rule of law is a myth sustainable only by prejudice and ignorance”[49]. Die Auffassungen dieses Autors sind nun auch verbreitet in einem weit genutzten Lehrbuch, in dem die Auffassungen, denen er widerspricht durch falsches Zitieren bis zur Unkenntlichkeit verzerrt sind. Kann man überrascht sein, wenn ein anderes Mitglied dieser Gruppe ernsthaft auf die rhetorische Frage, die ich in *Der Weg zur Knechtschaft* gestellt habe, ob, angenommen Hitler hätte unbeschränkte Macht im Sinne der Verfassung erlangt, die Herrschaft des Gesetzes immer noch in Nazideutschland bestanden hätte:

> *„The answer is Yes: the majority would be right: the Rule of Law would be in operation, if the majority voted him into power. The majority would be unwise, and it might be wicked, but the Rule of Law would prevail. For in a democracy right is what the majority make it to be.*”[52]

Hier haben wir in der Tat die fatale Verwechslung unsere Zeit in der schamlosesten Form.

24. Der Niedergang der Herrschaft des Gesetzes in Amerika

Es könnte erwartet werden, dass in den Vereinigten Staaten, wo die Bewegung zum Sozialismus so viel weniger Fortschritt gemacht hat, die Tendenzen, die ich beschrieben habe, ebenfalls wenig vorangekommen sein sollten. Dies ist jedoch nicht der Fall. Im Gegensatz zu dem, was man erwarten würde, ist es hier, wo auf dem Feld der Verwaltung die Rechtstheoretiker den größten Einfluss ausgeübt haben, und wo sie, wenig beachtet durch Öffentlichkeit und Gesetzgebung, eine Konzeption von Verwaltungsrecht aufgebaut haben, die weit vom Ideal der Herrschaft des Gesetzes weg führte. Dies ist in einer relativ kurzen Zeit geschehen und hat einen Wechsel von ungewöhnlichem Ausmaß bedeutet, da im Amerika des neunzehnten Jahrhunderts zumindest einige der Kontrollen des Verwaltungsermessens strenger und wirksamer waren als vielleicht in irgend einem anderen Land. Die Entwicklungen, die von dieser Position weggeführt haben, sind Teil der gleichen intellektuellen Bewegung, die den New Deal vorbereitete, und wahrscheinlich nirgendwo sonst war der Konflikt zwischen den wahren Liberalen und jenen Sozialisten, die sich in den USA Liberale nennen, so klar über Sachverhalte, die uns hier beschäftigen als in diesem Land.

Der eigenartige Charakter der amerikanischen Diskussion wurde bestimmt durch die weitreichenden Vollmachten, welche die Gerichte unter der Bundesverfassung und unter den meisten Staatsverfassungen über das Verwaltungshandeln und sogar über die Gesetzgebung erworben hatten. Die Reaktion darauf begann sogar vor dem ersten Weltkrieg und erreichte ihren ersten Höhepunkt mit Senator La Follettes Kampagne für die Präsidentschaft, welche die Zügelung der Autorität der Gerichte zum Hauptgegenstand der Kampagne machte. Von da an sind es stets die sogenannten Progressiven oder Radikalen gewesen, die in den Vereinigten Staaten die Befürworter weitgehenden Verwaltungsermessens und die Feinde einer strengen Beschränkung der Regierung durch Gesetz geworden sind

So früh wie 1921 konnte einer der berühmtesten Rechtswissenschaftler, Dean Roscoe Pound von der Universität Harvard, sprechen von

> „*a tendency away from courts and law and a reversion to justice without law in the form of the executive and even legislative justice and reliance upon arbitrary governmental power*"[53],

eine Tendenz, die er zu Recht mit englischen Entwicklungen im 16. Jahrhundert verglich. Diese Bewegung erhielt starke Unterstützung von einer ganzen Schule von Rechtstheoretikern. Die späten 1920iger und frühen 1930iger sahen eine Flut von Veröffentlichungen dieser Art, die tiefen Einfluss auf legislative und judikative Entwicklungen ausgeübt hat. Hier kann ich nur eine oder zwei der charakteristischen Arbeiten aus jener Literatur erwähnen. Unter jenen, die den Frontalangriff gegen die amerikanische Tradition eines *Government of Law and not of Men* führten, war der fruchtbarste Autor Professor Charles G. Haines, der in einem Essay unter diesem Titel das ganze Ideal nicht nur als eine „Illusion"[54] behandelte, sondern ernsthaft dafür plädierte, dass das amerikanische Volk, in unmittelbarem Konflikt mit dem Ideal der Verfassungsgeber, sollte „establish governments on a theory of trust in men of public affairs"[55]

Vielleicht die charakteristischste und symptomatischste Arbeit dieser Art, die auch bedeutsam war für den Erfolg, den sie genoss, und die für den heutigen Leser schwer zu verstehen ist, ist ein Buch, das 1930 von dem gegenwärtigen amerikanischen Richter Jerome Frank publiziert wurde mit dem Titel *Law and the Modern Mind.* Diese Arbeit ist ein heftiger Angriff auf das Ideal der Bestimmtheit des Gesetzes, dem der Autor mit Hilfe der Psychoanalyse versucht, es als das Ergebnis einer „childish need for an authoritative father"[56] lächerlich zu machen. Dieser Angriff auf das Bemühen, Bestimmtheit durch das Festlegen allgemeiner Regeln zu erlangen, entwickelte sich zu einem allgemeinen Angriff auf das Prinzip einer unpersönlichen Gerechtigkeit und zu einer Befürwortung weiten gerichtlichen Ermessens.

Ich habe keinen Raum hier, um im Detail zu zeigen, dass es sogar in den späten 1920igern als Folge dieser Entwicklung anerkannte Doktrin geworden war, dass

> „*every public officer has marked out for him by law a certain area of jurisdiction. Within the boundaries of this area he can act freely according to his own discretion, and the courts will respect his action as final and not inquire into its rightfulness. But if he oversteps those bounds, then the courts will intervene. In this form, the law of court review of the acts of public officers becomes simply a branch of the law ultra vires. The only question before the court is one of jurisdiction, and the court has no control of the officers' exercise of discretion within that jurisdiction*"[57]

Gerade vor dem Eintritt der Vereinigten Staaten in den zweiten Weltkrieg war die Besorgnis, die diese Entwicklungen in einigen Kreisen verursacht hatten, führten, wie dies in England zehn Jahre früher geschah, zur Berufung eines offiziellen Untersuchungsausschusses dem US. Attorney General's Committee on Administrative Procedure, dessen Mehrheit in seinem Bericht dazu neigte, das wiederzugeben, was sowohl unvermeidlich als auch harmlos war. Der Charakter dieses Berichts wird wahrscheinlich am besten beschrieben mit den schlussfolgernden Passagen eines Artikels, den Dean Roscoe Pound in einer Besprechung dem Bericht widmete[58]:

> „*Even if quite unintended, the majority of the Committee are moving in the line of administrative absolutism which is a phase of the rising absolutism throughout the world. Ideas of the disappearance of law, of society in which there will be no law, or only one law, namely that there are no laws but only administrative orders; doctrines that there are no such things as rights and that laws are only threats of exercise of state force, rules and principles being nothing but superstition and pious wish, a teaching that separation of powers is an outmoded eighteenth century fashion of thought, that the common law doctrine of the supremacy of law has been outgrown and expounding of a public law which is to be a „subordinating law" subordinating the interests of the individual to those of a controversy with the public interest and so give it a greater value and ignore the others, and finally a theory that law is whatever is done officially and so whatever is done officially is law and beyond criticism by lawyers - such is the setting in which the proposals of the majority must be seen.*"

25. *Die Aufgabe für den freiheitsliebenden Staatsmann*

Aber ich muss aufhören, über die Vergangenheit zu sprechen. Ich hoffe, dass das, was ich Ihnen gesagt habe, Ihnen die Gefahren klar gemacht hat, die durch Tendenzen geschaffen wurden, die nun eine lange Zeit in der ganzen Welt wirkten. Ich muss die geringe Zeit, die verbleibt, nutzen, um zu dem Gegenstand zurück zu kehren, den ich am Beginn der Vorlesung berührte, und fragen, was wir immer noch tun können, wenn wir diese Entwicklung eindämmen möchten und die zukünftige Entwicklung in den Grenzen halten wollen, die das Überleben der Freiheit und der Herrschaft des Gesetzes ermöglichen.

Wenn unser Ziel ist, die Bildung einer spontanen Ordnung herbeizuführen und das Benutzen von Zwang so viel wie möglich zu beschränken, muss unsere Hauptaufgabe sein, unsere Regeln so anzupassen, um die spontanen Kräfte der Gesellschaft so günstig wie möglich arbeiten zu lassen. Die erste Notwendigkeit, dies zu tun, ist, dass wir lernen, die Arbeitsweise dieser Kräfte zu verstehen. Die wichtigste unter diesen Kräften, auf die wir uns in einer fortgeschrittenen Gesellschaft verlassen müssen, sind jene des Marktes, die nur auf die erwünschte Weise funktionieren werden, wenn viel Wettbewerb vorherrscht oder zumindest möglich ist, wie die Natur der verschiedenen Bereiche es erlaubt. Die Aufgabe muss dann sein, einen entsprechenden rechtlichen Rahmen für das wirksame Arbeiten von Wettbewerb zu schaffen. Dies ist eine Aufgabe, die niemals systematisch in die Hand genommen wurde, und wo ein großer Teil immer noch zu tun verbleibt. Wir haben allmählich zu lernen, unsere Regeln so zu formen, dass die Chancen einer vorsätzlichen Verhinderung von Wettbewerb und der Schaffung von künstlichen Knappheiten minimiert werden. Es wird uns in der Tat niemals vollständig gelingen, solche schädlichen Wirkungen vollständig abzuschaffen. Aber obwohl ich sehr skeptisch bin gegenüber den vorgeblichen Vorteilen des Monopols, die einige Behörden zu entdecken in der Lage sind, bin ich auch nicht überzeugt, dass jene temporären Monopole, die auf überlegener Effizienz beruhen oder auf der ungewöhnlichen Größe von wenigen einzelnen Unternehmen, so schädlich sind, wie das häufig nahe gelegt wird. Ich bin im Ganzen geneigt zu glauben, dass wenn wir die relevanten, und noch mehr unsere Rechtsregeln intelligent anpassen, insbesondere das Unternehmensrecht und das Recht der Industriepatente und wenn, was noch wichtiger ist, wenn sich Regierungen enthalten, willkürlich Monopole durch Protektion und ähnliche Maßnahmen zu fördern, könnten wir sein Ausmaß bis zu einem Punkt reduzieren, wo es aufhören würde, ein ernsthaftes Problem zu sein. Das augenscheinliche Versagen vergangener Bemühungen in dieser Richtung ist teilweise auf unsere Verwendung eines unrealistischen Standards, den des Ideals der „vollkommenen Konkurrenz“, zurückzuführen, die in vielen Bereichen nicht existieren kann, und noch mehr auf unseren Widerwillen, Wettbewerb als eine allgemeine Regel zu akzeptieren, und systematisch alle Versuche einer Wettbewerbsbeschränkung als ungesetzlich zu erklären. Es war stets und ist immer noch eine Tendenz auf diesem Gebiet vorherrschend, die nicht nur zwangsläufig zum Versagen führt, sondern die mit ernsten Fehlern behaftet ist, nämlich die Tendenz, Wettbewerb nur zu erlauben, wo wir seine unmittelbaren Wirkungen schätzen, und seine Unterdrückung nur da zu verhindern, wo sie offensichtlich schädlich ist. Dies ist nicht nur unpraktisch, sondern macht es nahezu unvermeidbar, dass wir die Behörden, die mit der Überwachung der Märkte beauftragt sind, mit ermessensbezogenen und willkürlichen Vollmachten ausstatten und somit genau das Element wieder einführen, das ein System, welches auf den spontanen Kräften des Marktes beruht, uns ermöglichen sollte, auszuschalten. In dieser Hinsicht bin ich keineswegs glücklich über die modernen Tendenzen in den Antikartell- und Antitrustpolitiken der großen Industrieländer. In der Tat, wenn es wirklich eine Alternative wäre, die Behörden mit derartiger Ermessensmacht auszustatten, einzugreifen, nach dem, was die allgemeinen Regeln erlauben, und sich mit einem Monopolgrad abzufinden, würde ich entschieden das letztere vorziehen. Aber ich denke nicht, dass dies ein praktischer Sachverhalt ist, weil, wie ich bereits angedeutet habe, könnten wir, wenn wir es nur ernsthaft wünschten, die Gefahren eines Monopols auf unbedeutende Proportionen begrenzen, wenn wir nur willens wären, die Bedingungen zu schaffen, die Wettbewerb, wo immer er möglich ist, begünstigen.

Um in der Lage zu sein, diese Dinge im einzelnen zu diskutieren, sollte ich am Anfang statt am Ende einer Reihe von Vorlesungen wie dieser gestanden haben. Was ich im Hinblick auf einen besonders wichtigen Bereich der Wirtschaftsgesetzgebung gesagt habe, könnte in der Tat nicht mehr sein als eine Illustration der Durchführung des allgemeinen Prinzips, dem diese Vorlesungen gewidmet waren. Eine ernsthafte Diskussion würde sich über den ganzen Bereich der modernen Wirtschafts- und Sozialpolitik erstrecken und zu zeigen versuchen, welche Form von Bemühungen es erforderte, wenn diese dem allgemeinen Prinzip zu entsprechen hätten. Das kann ich jetzt nicht versuchen und ich muss hoffen, dass die Illustration, die ich gegeben habe, ausreichen wird, um den allgemeinen Charakter aufzuzeigen, den eine solche Diskussion annehmen würde.

Diejenigen, die in den Überzeugungen erzogen wurden, die während des letzten halben Jahrhunderts gängig waren, bin ich geneigt darauf festzulegen, was der Staat günstigenfalls und erfolgreich unternehmen sollte. Obwohl dies nicht so eng wäre, wie es zunächst den Anschein hat, mag es trotzdem enttäuschend und ernüchternd erscheinen. Aber ich bin zutiefst überzeugt worden, dass die meisten Übel, die wir während jener Periode erfahren haben, weitgehend der Tatsache zuzuschreiben sind, dass wir erwarten, der Staat täte Wunder, und dass wenn wir wünschen, die wesentlichen kreativen Kräfte einer freien Zivilisation zu bewahren, es das erste Erfordernis ist, dass wir unsere Bestrebungen auf diesem Bereich auf vernünftige Proportionen verringern. Wir werden niemals Utopia durch Staatshandel schaffen. Nach all dem ist es dennoch wahr wie immer

How small of all that human hearts endure

The part which kings or states can cure

Was wir gelernt haben, nachdem diese Zeilen im 18. Jahrhundert geschrieben wurden, ist, dass wahrscheinlich die Übel, die der Staat verursachen kann, sogar größer sind, als jemand sich damals vorstellte. Ich glaube, dass die Hauptlektion, die unsere Generation gelernt hat, ist, dass wir eine neue Beschränkung für die Regierungsaktivitäten finden müssen, eine Beschränkung, die genug Raum für vernünftiges Experimentieren lässt, die aber die Freiheit des Individuums als die Hauptquelle jeglicher sozialer und politischer Aktivität sichert. Der ganze Zweck der Vorlesungen ist gewesen, vorzuschlagen, dass wir eine solche Beschränkung finden können, wenn wir willens sind, das uralte Ideal der Herrschaft des Gesetzes wieder zu beleben und zu entwickeln.

Anmerkungen

VORLESUNG I

1. John Milton, *The Tenure of Kings and Magistrates*, *Works*, Hg. Richard Fletcher, 1838, S. 27.

2. Dies ist nicht als eine Entschuldigung für das Eindringen in das Gebiet der Rechtswissenschaft gedacht. Wie ich hier vielleicht erwähnen sollte, bin ich selbst nach meiner ursprünglichen Ausbildung ein Jurist. Es ist vielmehr beabsichtigt, zu betonen, dass wir neben dem Studium des positiven Rechts eine kritische Wissenschaft der Gesetzgebung benötigen, die zumindest eben so viel Wissen über Ökonomik wie über Recht verlangt.

3. Ein umfassender Bericht über diese Entwicklung sollte den Entwicklungen in Holland im 16. und 17. Jahrhundert mehr Aufmerksamkeit schenken, von denen wenig außerhalb des Landes bekannt ist und über die ich weitgehend unwissend bin. Aber ich vermute, dass sie direkten Einfluss auf das englische Denken hatten als gemeinhin wahrgenommen wird.

4. Vgl. Montesquieu, *L'Esprit des Lois*, XI, 5: Il y a une nation dans le monde qui a pour objet direct de sa constitution la liberté politique. Nous allons examiner les principes sur lesquels elle l'a fondée. Dies geht dem berühmten Bericht über die englische Verfassung in dem folgenden Kapitel voraus.

5. Vgl. Robert von Keller, *Freiheitsgarantien für Person und Eigentum im Mittelalter*, Heidelberg, 1933, besonders S. 187-215; Hans Planitz „Zur Ideengeschichte der Grundrechte" in: *Die Grundrechte und Grundpflichten der Reichsverfassung*, Hg. et seq. H.C. Nipperdey, Berlin, 1930, Bd. III, Berlin, 1930, S. 597 et seq.; O. von Gierke, *Johannes Althusius und die Entwicklung der naturrechtlichen Staatstheorien*, 2. Aufl. Breslau, 1902: E. Rosenstock-Huessy, *The Driving Power of Western Civilization*, Boston, 1949; und zur früheren englischen Entwicklung besonders C. H. Mcllwain, *The High Court of Parliament*, 1910, und J. N. Figgis, *The Divine Rights of Kings*, 2. Aufl. Cambridge, 1914.

6. Magna Carta wurde so beschrieben von Bracton, *De Legibus* f. 168 b. Heute, wenn der Ausdruck „Verfassung" allgemein in seiner besonderen Bedeutung als die rechtlichen Grundlagen politischer Organisation genutzt wird – in etwa die gleiche, in der wir immer noch von der Verfassung eines Menschen sprechen, wird

wahrscheinlich besser wiedergegeben mit „Bedingung“ oder vielleicht mit „Zustand“.

7. Vgl. Max Radin, „The Myth of Magna Carta“, *Harvard Law Review*, Bd. 60, 1947, S. 1066-1091.

8. Thomas Hobbes, *Leviathan*, (1651) II, 29 und 21.

9. Dies geht zurück auf den immer noch häufig zitierten Essay von Benjamin Constant „De la Liberté des Anciens comparée à celle des Modernes” (1819) enthalten in seinem *Cours de politique constitutionnelle*, 1861, Bd. II, und N.-D. Fustel de Coulanges *La Cité antique*, 1864. Zur ganzen Sache vgl. G. Jellinek, *Allgemeine Staatslehre*, 2. Aufl. Berlin, 1905, S. 288 et seq.

10. Thukydides, *Peleponesian War*, VII. 69. Sehr lehrreich für unser Verständnis der klassischen griechischen Vorstellung von Freiheit ist eine kürzliche Studie von Professor W. L. Westerman, die sich stützt auf zahllose Dekrete zur Befreiung von Sklaven, die in Delphi gefunden wurden: „Between Slavery and Freedom“, *American Historical Review*, Bd. 50, S. 213-227. Die Definition von Freiheit, die auftaucht, gleicht überraschend und gleicht nicht unvorteilhaft der Vorstellung von englischen Juristen im 18. Jh. Die vier wesentlichen Elemente von Freiheit, die ständig vorkommen in diesen handgefertigten Dekreten sind (1) der rechtliche Status als geschütztes Mitglied der Gemeinschaft, (2) Immunität vor willkürlicher Festnahme und Haft, (3) das Recht auf Arbeit, zu tun, was immer ein Mensch zu tun hat, und (4) das Recht auf Freizügigkeit nach seiner eigenen Wahl.

11. John Florio, *World of Wordes*, London, 1598.

12. Titus Livius, *Roman History* übersetzt von Philemon Holland, London, 1600.

13. Vgl. Roscoe Pound, *The Spirit of the Common Law*, New York, 1921, S. 72 et seq.

14. E. Barker, Greek Political Theory, 1925, S. 44.

15. Vgl. G. Busold, *Griechische Staatskunde*, München, 1920, Bd. I, S. 417, R. Hirzl, *Themis, Dike und Verwandtes*, Leipzig, 1907, S. 240 et seq., V. Ehrenberg, Artikel „Isonomia“ in Pauli –Wissowa, *Real-Enzylopaedie des Klassischen Altertums*, Supplement VII, 1940: J. A. O. Larsen „Cleisthenes and the Development of the Theory of Democracy at Athens“. „*Essays in Political Theory*”: *Presented to George Sabine* ed. by M. R. Konwitz and A. E. Murphy, Cornell University Press, 1948, S. 5-13, und Erik Wolf, *Griechisches Rechtsdenken*, Bd. II, Frankfurt a. M., 1951, S. 367.

16. Vgl. E. Diehl, *Antologia Lyrica Graeca*, Leipzig, 1925, Bd. II, skolia 10 (9) und 131.

17. Herodotus, *Histories*, III, 80, vgl. auch III, 142 und V. 37

18. Vgl. Busold l.c.S. 417 und Ehrenberg l.c. S. 299; vgl. auch den wichtigen Artikel von V. Ehrenberg „Origins of Democracy“ *Historia I*, 1950, S. 515-548 & S. 535, der meines Wissens erst erschienen ist, nachdem diese Vorlesungen beendet waren.

19. Thucydides *Peleponesian War* III, 6; vgl. auch III, 82,8 und Isokrates *Areopagiticus* VII, 20 und *Panathenaicus* XII, 178.

20. Plato, *Republic* VIII 557 bc, 559 D, 561 E.

21. Aristotle, *Politics*, 1287 a.

22. Ibid. 1292 a.

23. Aristotle, *Rhetorics*, I, 1354 a.

24. Demosthenes, *Against Aristocrates*, XXIII, 86, Loeb Edition mit Übersetzung von J. H. Vince, S. 274/5.

25. T. Hobbes, *Leviathan*, N. 46.

26. James Harrington, *Oceana* (1659) am Anfang.

27. Cicero, *Pro Cluentio*, C, LIII: „Omnes legum servi sumus ut liberi esse possumus”

28. Cicero, *De Legibus*, III. 122: „Magistratum legem esse loquentem“.

29. Vgl. F. Oertel „The Economic Life of the Empire“, *Cambridge Ancient History*, Bd. XII., Cambridge, 1939, S. 270 et seq.

30. F. Pringsheim, “Jus aequm und jus strictum”, *Savigny Zeitschrift*, Bd. 42, S. 668.

31. Vgl. John U. Nef, *Industry and Government in France and England* 1540-1640, Philadelphia, 1940, S. 114.

32. *Darcy versus Allen*, entschieden 1603. Vgl. W. L. Letwin, „The English Common LawConcerning Monopolies“, *University of Chicago Law Review* XXXI/3, Frühjahr 1954 und zwei Artikel von D. O. Wagner, „Coke and the Rise of Economic Liberalism”, *Economic History Review* VI, 1935/36, S. 30-44 und „The Common

Law and Free Entel Extentrprise", an Early Case of Monopoly ibid VII, 1936/37, S. 217-220.

33. *State Papers Domestic*, 7. Juli 1610 (Hervorhebung durch den Autor).

34. Edward Coke, *Second Part of the Institutes of Laws of England*, London, 1642.

35. John Locke, *An Essay Concerning the True Original Extent and End of Civil Government*, 1690, section 22.

36. E. Corwin, The „Higher" Law Background of American Constitutional Law, *Harvard Law Review*, Bd. 42, 1929, S. 390.

37. *Ibid.* Sektion 123.

38. *Ibid* Sektion 222.

39. Vgl. G. M. Trevelyan, *English Social History*, London, 1944, S. 245 ff. und 350 et seq., S. 351: „The specific work of the earlier Hanoverian epoch was the establishment of the rule of law, with all its faults, was at least a law of freedom. On that solid foundational all our subsequent reforms were built".

40. F. Meineke, *Die Entstehung des Historismus*, 1936, Bd. I, S. 234.

41. Die beste Kurzbeschreibung der Star Chamber ist wahrscheinlich jene in J. W. Maitland's *Constitutional History* (S. 263), a court of politicians enforcing a policy, not a court of judges administering the law.

42. David Hume, *History of England*, Bd. V; 762, S. 280. Vgl. die *Essays, Moral, Political and Literary*, Hg. T. H. Green und T. H. Grose, London, 1875, Bd. I, Essay 1,5: „Of the Origin of Government", S. 117, Essay 1,5: „Of Civil Liberty", S. 161, und besonders die folgende Passage in Essay I, 14: „Of the Rise and Progress of the Arts and Sciences", S. 178: „All general laws are attended with inconveniences, when applied to particular cases; and it requires great penetration and experience, both to perceive that these inconveniences are fewer than what results from full discretionary powers in every magistrate; and also to discern what general laws are, upon the whole, attended with fewest inconveniences. This is a matter of great difficulty, that men have made some advance, even in the sublime art of poetry and eloquence, where a rapidity of genius and imagination asserts their progress before they have arrived at any great refinement in their municipal laws, where frequent trial and diligent observation can alone direct their improvement". Vgl auch mit Hume's *Enquiry Concerning Principles of Morals*, Sektion „Of Justice" und Appendix III ibid. Bd. II, S. 179 und 272-278.

43. Eine charakteristische Aussage, die wir Sir Philip Francis zugeschrieben finden, und die wahrscheinlich irgendwo in den *Letters of Junius* vorkommt, lautet: „The government of England is a government of law. We betray ourselves, we contradict the spirit of our laws and we shake the whole system of English jurisprudence, whenever we entrust discretionary power over life, liberty of fortune of the subject to any man, a set of men, whatsoever, on the presumption that it will not be abused". Vgl. auch Adam Fergusson, *Essay on the History of Civil Society*, 4. Aufl., 1783, S. 205.

44. Adam Smith, *Wealth of Nations* V.I.i.Hg. E. Cannan, Bd. I, S. 201.

45. J. L. De Lome, *The Constitution of England*, (1784), neue Aufl. 1800, S. 441.

46. W. Paley, *The Principles of Moral and Political Philosophy*, (1785), Aufl. von 1824, S. 348 et seq.

47. John Austin, *Lectures on Jurisprudence*, 5. Aufl., 1911, Bd. I, S. 93.

48. Bill of Rights of the Massachusetts Constitution of 1780, Art. XXX: „To the end it may be a government of laws and not of men".

49. *Marbury v. Madison*, 1 Cranch 137, 163 (U.S. 1803).

50. Vgl. the Constitutions of Arkansas V, 25, Georgia 1, IV, i. Kansas II, 17 Michigan VI und Ohio 1 l, 25.

51. *Ex Parte Bollmann*, 4 Cranch 75 m 127/U.S. (1807).

52. *West Virginia State Board of Education v. Barnette*, 319 U.S. 638 (1942).

53. Sir Frederick Pollock, *A First Book of Jurisprudence*, 2. Aufl., London, 1904, S. 37.

54. Thomas Jefferson, Draft of Kentucky Resolution von 1798, vgl. E. D. Warfield, *The Kentucky Resolution of 1798*, 2. Aufl., 1894, S. 157-8. Charakteristisch für Jeffersons Haltung zu diesen Problemen ist auch sein Brief an Madison vom 20. Dezember 1787, in dem er schreibt: „The instability of our laws is really a very inconvenience. I think we ought to have obviated it by deciding that a whole year should always be allowed to elapse between the bringing in of a bill and the final passing of it. It should afterwards be discussed and put to the vote without the possibility of making any alterations in it; and if the circumstances of the case required a more speedy decision, the question should not be decided by a simple majority, but by a majority of at least two-thirds of each house."

VORLESUNG II

1. A. de Tocqueville, *Democracy in America I* (1835), Kapitel XIV. Engl. Übersetzung hrsgg. von Phillips Bradley, New York, 1946, S. 246.

2. Vgl. Dedieu, *Montesquieu et la tradition politique anglaise en France*, Paris 1909; E. Klimowsky, *Die englische Gewaltenteilungslehre bis zu Montesquieu*, Berlin, 1927; und für die Vereinigten Staaten B.J. Wright, Jr. „The Origin of the Separation of Powers in America", Economica Bd. XIII, 1933, S. 169-185.

3. J. J. Rousseau, *Du Contrat Social*, Buch II, Kapitel VI, Edition Vaughan II, S. 49.

4. Jules Michelet, *Histoire de la Révolution Française*, Bd. I, Introduction, Première Partie §1, S. XXIII.

5. Vgl. J. Ray, „La Révolution française et la pensée juridique; l'idée du règne de la loi", *Revue philosophique*, Bd. CCXVIII, 1939; und Jean Belin, *La Logique d'une idée-force – L'idée d'utilité sociale pendant la Révolution française*, (1789-1792), Paris, 1939.

6. Zitiert von Condorcet ohne Bezug von J. Barthélemy, *Le rôle du pouvoir exécutif dans les républiques modernes*, Paris, 1906, S. 489; aber vgl. die ähnlichen Passagen in *Oeuvres de Condorcet*, Paris, 1847.

7. Vgl. besonders das Projet Girondin, *Archives Parlementaires*, 1. Série, Bd. 58, S. 617, titres VII, section II, articles 1 und 4.

8. *Déclaration des droits de l'homme et du citoyen* (26. August 1789: „Toute la société dans laquelle la garantie des droits n'est pas assurée".)

9. Vgl. J. Ray, l.c. S. 372.

10. „Es gibt noch ein Kammergericht in Berlin 1" ist der Satz, der gewöhnlich zitiert wird.

11. Vgl. insbesondere I. Kant, *Die Metaphysik der Sitten*, Teil 1, Der Rechtslehre Zweiter Teil, Teil 1, Das Staatsrecht, § 45-49.

12. I. Kant, *Fundamental Principles of Morals*, übersetzt v. A. D. Lindsay, S. 421.

13. Vgl. insbesondere J. G. Fichte, *Grundlagen des Naturrechtes nach den Prinzipien der Wissenschaftslehre* (1796), Werke, 1845, Bd. III, S. 105.

14. Ihm war vorausgegangen ein schwedischer Kodex und ein sogar früherer dänischer Kodex.

15. Dieser Kodex sagt in Paragraph 1: „Only such illegal acts are to be considered and treated as crimes which have been enumerated in the present law."

16. „La loi ne doit établir que des peines strictement et évidemment nécessaires, et nul ne peut être puni qu'en vertu d'une loi établie et promulguée antérieurement au délit, et légalement appliquée".

17. A. Feuerbach, *Lehrbuch des peinlichen Rechts*, 1801. Vgl. zu all dem H. B. Gerland, „Nulla poena sine lege" in *Die Grundrechte und Grundpflichten der Reichsverfassung*, hgg. Von H. C. Nipperdey, Bd. 1, Berlin 1929; Jerome Hall, „Nulla poena sine lege", *Yale Law Journal*, Bd. 47, 1937, S. 163-192; S. Glaser „Nullumen crimen sine lege", *Journal of Comparative Legislation and International Law*, Februar 1942; und Adolf Schottlaender *„Die geschichtliche Entwicklung des Satzes: Nulla poena sine lege", (Strafrechtliche Abhandlungen* N°. 132), Breslau 1911.

18. Vgl. E. Löning, *Gerichte und Verwaltungsbehörden in Brandenburg-Preußen*, Halle 1914, und den wichtigen Besprechungsaufsatz zu dieser Arbeit von O. Hintze, „Preußens Entwicklung zum Rechtsstaat", abgedruckt in des Autors *Geist und Epochen der preußischen Geschichte*, Leipzig 1943, S. 105-171.

19. K. T. Welcker, Die letzten Gründe von Recht, Staat, und Strafe, Giessen 1813, das drei Typen von Staaten unterscheidet: Despotie Theokratie und Rechtsstaat.

20. R. Mohl, *Das Bundesstaatsrecht der Vereinigten Staaten von Nordamerika*, Stuttgart, 1824.

21. Robert Mohl, *Staatsrecht des Königreichs Württemberg*, 2 Bde. 1829 und 1831; *Die Polizeiwissenschaft nach den Grundsätzen des Rechtsstaates*, 1832; Geschichte und Literatur der Staatswissenschaften, 2 Bde. 1855 und 1856.

22. Vgl. Guido de Ruggiero, *The History of European Liberalism*, übers. von R. G. Collingwood, Oxford 1927, und Luis Diez de Corral, *El Liberalismo Doctrinario*, Madrid 1945.

23. Ansprache an die Nationalgarde, berichtet in einem Essay von H. F. R. de Lamenais in Avenir of 25. Mai 1831 und abgedruckt in seinen *Troisième Mélanges*, 1835, S. 255.

24. Nun sind zwei ausgezeichnete Berichte über Wachstum und Bedeutung des französischen Systems der Verwaltungsrechtsprechung verfügbar: M. A. Sieghart,

Government by Decree, London, 1950 und B. Schwarz, *French Administrative Law and the Common Law World*, New York, 1954. Dies ist Teil des Grundes für die vergleichsweise Vernachlässigung der französischen Entwicklung in was folgt. Aber ich glaube auch, dass die Deutschen wichtigere Beiträge zu dem Gegenstand gemacht haben und dass, obwohl dies wenig verstanden wird, die deutsche Entwicklung beträchtlichen indirekten Einfluss auf die Entwicklung anderswo, besonders in den Vereinigten Staaten ausgeübt hat. Zur Bedeutung der deutschen theoretischen Entwicklung vgl. P. Alex'eef, „L'Etat – Le Droit – et le Pouvoir Discrétionnaire Des Autorités Publiques", *Revue Internationale de la Théorie du Droit*, Brno 1928/9, Bd. III, S. 216 und C. H. Mcllwain „The Fundamental Law behind the Constitution of the United States" (1938) abgedruckt in *Constitutionalism and the Changing World*, Cambridge University Press, 1939, S. 270.

25. Der beste Bericht über die Rolle des Rechtsstaatideals in der deutschen liberalen Bewegung findet sich in F. Schnabel, *Deutsche Geschichte im Neunzehnten Jahrhundert*, Bd. II, 1933, S. 90-214, insbesondere S. 99-109.

26. *Staatslexikon oder Enzyklopaedie der Staatswissenschaften*, hgg. von K. von Rotteck und K. T. Welcker, 10 Bde., Altona 1834-1848. Unter den Mitarbeitern, die besonders wichtig in dieser Verbindung sind, ist K. R. Mittermaier (vgl. seine „Beiträge zur Lehre von den Gegenständen des bürgerlichen Prozesses", *Archiv für die zivilrechtliche Praxis*, Bd. IV, 1829).

27. Minnigerode, *Beitrag zu der Frage, was ist Justiz und Administrativsache*, Darmstadt, 1835.

28. F. G. Stahl, *Die Philosophie des Rechts, II, Rechts- und Staatslehre*, Abt. 2/1878, S. 137. Signifikant für die allgemeine Ablehnung des Rechtsstaatsideals durch die Konservativen ist der Vorwurf einer Novelle durch den schweizer Dichter Jeremias Gotthelf, der genannt wurde *Joggli, der Schuldenbauer oder der Rechtsstaat.* Vgl. Oswald, „Jeremias Gotthelf über Recht, Staat und Gesellschaft", *Deutsche Juristen Zeitung*, 15. Oktober 1954, insbes. S. 1263.

29. Vgl. E. Forsthoff, *Lehrbuch des Verwaltungsrechts*, Bd. 1, 1950, S. 394.

30. E. Lasker, „Polizeigewalt und Rechtsschutz in Preußen", *Deutsche Jahrbücher für Politik*, 1. Oktober 1961, abgedruckt in *Zur Verfassungsgeschichte Preußens*, Leipzig 1874.

31. Otto von Gierke, *Das deutsche Genossenschaftsrecht* 1868.

32. O. Bähr, *Der Rechtsstaat. Eine Publizistische Skizze*, Kassel 1864.

33. Der deutsche Ausdruck war *Justizstaat*. Vgl. G. Anschütz, „Verwaltungsrecht" in *Systematische Rechtswissenschaft (Die Kultur der Gegenwart* II, VII) Leipzig 1906, S. 355. Es ist sicherlich nicht korrekt im Hinblick auf diese frühere Phase der deutschen Entwicklung, wenn F. L. Neumann („The Concept of Political Freedom", *Columbia Law Review* LIII/7. Nov. 1953, S. 910) behauptet, dass „the English rule of law and the German Rechtsstaat doctrines have nothing in common". Dies ist wahr genug für das abgewandelte Konzept des Rechtsstaates vom Ende des Jahrhunderts, das wir unten zu diskutieren haben. Aber weder inspirierten die Konzeptionen die liberale Bewegung der ersten Hälfte des Jahrhunderts noch die Ideen, die zu den Reformen der Verwaltungsgerichtsbarkeit in Preußen führten. Beide der führenden Theoretiker und R. Gneist machten bewusst die englische Position zu ihrem Modell und zielten auf die Einrichtung der Herrschaft des Gesetzes in der strengen, ursprünglichen englischen Bedeutung des Begriffes. Sein deutsches Äquivalent, Herrschaft des Gesetzes, wurde in der Tat häufig benutzt als sein Synonym für Rechtsstaat.

34. Rudolf Gneist, *Der Rechtsstaat*, Berlin, 1872.

35. Vgl. z.B. G. Radbruch, *Einführung in die Rechtswissenschaft*, 2. Aufl.. Leipzig, 1913, S. 108 und F. Fleiner, *Institutionen des deutschen Verwaltungsrechtes*, 8. Aufl., Tübingen, 1928, S. 39.

36. Vgl. Forsthoff, 1.c., S. 396.

37. Hugo Grotius, *De jure belli ac pacis* (1625); vgl. besonders die bedeutende Diskussion der Allgemeinheit von Gesetzen L.I., ciii, §6, - Es war wahrscheinlich in einem Versuch, eine theoretische Grundlage für die Herrschaft des Gesetzes zu liefern, die zu einem frühen Zeitpunkt in Holland weitgehend erreicht war, als Grotius seine Theorie des Naturrechts entwickelte. Aber diese Verbindungen der gesamten Tradition mit den Entwicklungen in Holland erfordern immer noch eine Untersuchung.

38. Vgl. E. Brunner, *Justice and Social Order*, New York, 1945, S. 6.

39. Vgl. F. Heller, „Bemerkungen zur staats- und rechtstheoretischen Problematik der Gegenwart", *Archiv des öffentlichen Rechts* XVI, XVI, 1929, S. 236.

40. J. H. Hallowell, *The Decline of Liberalism as an Ideology with particular reference to German Politico-Legal Thought*, Berkeley und Los Angeles, 1943; G. Radbruch, *Rechtsphilosophie*, 4. Aufl. hrsgg. von Eric Wolf, 1950; und F. Darmstaedter, *Die Grenzen der Wirksamkeit des Rechtsstaates*, Heidelberg, 1930, und Rechtsstaat und Machtstaat, Berlin 1932.

41. H. Kelsen, *Allgemeine Staatslehre*, Berlin, 1925, S. 335/6.

42. A. B. Lowell, *Government and Parties in Continental Europe*, New York, 1896, Bd. 1, S. 44.

43. A. V. Dicey, *Lectures Introductory to the Study of the Law of the Constitution*, London, 1885.

44. M. A. Sieghart, *Government by Decree*, London 1950, S. 221.

45. C. K. Allen, *Law* and *Orders*, London, 1945, S. 28.

VORLESUNG III

1. José Ortega y Gasset, *Mirabeau; o el Politico*, Madrid, 1927.

2. Michael Polanyi, *The Logic of Liberty*, London, 1951, insbes. S. 114 et seq. und 154 et seq.

3. Zu einem vollständigeren Bericht über diese Überlegungen vgl. F. A. Hayek, Individualism und Economic Order, London und Chicago, 1949.

4. Die Literatur über die Bedeutung der Herrschaft des Gesetzes ist in der Tat enorm und ich kann hier nur wenige der wichtigeren Veröffentlichungen auflisten, auf die hinzuweisen ich anderswo keine Gelegenheit hatte: F. Barker, „The Rule of Law", *Political Quarterly*, London, 1914, S. 116-140; F. Battaglia, „Stato etico e stato di diritto", *Rivista Internationale di Filosofia di Diritto*, XIII, 1937, S. 237-287; F. Böhm, „Freiheitsordnung und Soziale Frage", Grundfragen der Wirtschaftsordnung (Wirtschaftswisssenschaftliche Abhandlungen, Heft 2), Berlin, 1954; C. J. Friedrich, *Constitutional Government and Democracy*, New York, 1941; F. Garzoni; *Die Rechtsstaatsidee im schweizerischen Staatsdenken des 19. Jahrhunderts*, Zürich, 1953; Werner Kägi, *Die Verfassung als rechtliche Grundordnung des Staates*, Zürich, 1943, und „Rechtsstaat - Sozialstaat – Sozialer Rechtsstaat", R. M. MacIver, *The Modern State*, Oxford, 1926, Kapitel VIII/3; C. H. McIlwain, „*Government by Law*", *Foreign Affairs*, XIV/8, 1936; Maxime Leroy, La Loi: *Essai sur la théorie de l'autorité dans la démocratie*, Paris, 1908, Kapitel X; H. von Mangoldt, *Rechtsstaatsgedanke und Regierungsform in den Vereinigten Staaten von Amerika*, Essen, 1938, und *Geschriebene Verfassung und Rechtssicherheit in den Vereinigten Staaten von Amerika*, Breslau-Neukirch, 1936; J. R. Pennock, *Administration and the Rule of Law*, New York, 1941; A. Picot, „L'Etat fondé sur le droit et le droit pénal", Actes de la Société Suisse des Juristes, Bâle, 1944; Roscoe Pound, „Rule of Law", *Encyclopaedia of the Social*

Sciences, Bd. XIII, New York, 1934; Marcel Waline, *L'individualisme et le droit*, Paris, 1949.

5. Vgl. A. Haenel, *Gesetz im formellen und materiellen Sinn (Studien zum deutschen Staatsrecht, Bd. II*), Leipzig, 1888.

6. Vgl. G. Leipholz, *Die Gleichheit vor dem Gesetz*, Berlin, 1925; M. Rümelin, *Die Gleichheit vor dem Gesetz*, Tübingen, 1928; Carl Schmitt, *Unabhängigkeit der Richter, Gleichheit vor dem Gesetz und Gewährleistung des Privateigentums nach der Weimarer Verfassung*, Berlin und Leipzig, 1926; E. L. Llorens, *La Igualdad ante la Ley*, Murcia, 1934; H. Nef, *Gleichheit und Gerechtigkeit*, Zürich, 1941.

7. Vgl. H. W. Wade, „The Concept of Legal Certainty, *Modern Law Review*", IV, 1941; C. A. Emge, „Sicherheit und Gerechtigkeit", *Abhandlungen der Preußischen Akademie der Wissenschaften* (Phil. – Hist. Klasse), 1940, N° 9 und P. Roubier, Dicey's *Introduction to the Study of the Law of the Constitution*, ed. By W. R. Wade (London, 1939) in *The Law Quarterly Review* Bd. 55, 1939, von dem ich hier zumindest die wichtigste Passage (S. 587) zitieren möchte: „It is a corollary of this conception of the rule of law that the judicial power of the State is, to a large extent separate from the executive and the Legislature. The corollary which had been implicit in the conception of the rule of law from the beginning, was emphasized, and rightly emphasized by Montesquieu and Blackstone. The concept of the rule of law, therefore, is one of those survivals of mediaeval law, adapted to the needs of a modern State, which helped Parliament to limit the power of the Crown and establish constitutional government. Now if this be the true meaning of the rule of law it is clearly not true to say that judges who are allowed, for reasons of State to impose sentences not prescribed by the law are acting in accordance with the rule of law. In such cases they are acting not as judges but as agents of the executive. If it be said that they are acting in accordance with the rule of law because the law allows them so to act, the answer is that if the laws permits such a course of action, the rule of law has in effect been abrogated by the Legislature; in such a case the separation between judicial power and the executive which is an essential feature of the rule of law, has been eliminated. Similarly, if the Stuart Kings had defeated the Parliament, and if they had the power to legislate and tax and to dictate to the Courts what their judgements should be, the rule of law, in the sense that concept has been understood by Coke and Blackstone and later lawyers, would have been abrogated. In fact the concept of the rule of law is a true juridical concept; it is no mere „principle of political action"!" Dr. Jennings' statement to the contrary is the exact opposite of the truth.

8. „The rule of law is as valuable principle to-day as it has ever been. For it means that the Courts can see to it that the powers of the officials, and official bodies of persons entrusted with government, are not exceeded and are not abused, and that

the rights of citizens are determined in accordance with the law enacted or unenacted. In so far as the jurisdiction of the Courts is ousted, and officials or official bodies of persons are given a purely administrative discretion, the rule of laws is abrogated. It is not abrogated if these official bodies are given a judicial or quasi-judicial discretion, although the machinery through which the rule is applied is not that of the Courts".

9. Ernest Freund, *Administrative Powers over Persons and Property*, Chicago University Press, 1928.

10. Vgl. insbes. E. Forsthoff, Lehrbuch des Verwaltungsrechts, Bd. 1, Tübingen, 1950; auch P. Alex'eef, „L'Etat – Le Droit et Le Pouvoir Des Autorités Publiques", *Revue Internationale de la Théorie du Droit* III, Brno 1928/29; und G. E. Treves, „Administrative Discretion and judicial control". *Modern Law, Review*, X, 1947.

11. A. V. Dicey, „The development of Administrative Law in England", *Law Quarterly Review*, XXXI, 1915, S. 150.

12. Vgl. L. von Mises, *Bureaucracy*, Yale University Press, 1948.

13. All die Fälle, die W. A. Robson (*Justice and Administrative Law*, 3. Aufl., London, 1951, S. 410) zitierte als Belege dafür, wie „policy" eingeht in „every department of English law" sind bezeichnend alle Fälle von allgemeinen Regeln und nicht von Politik in dem spezifischen Sinn in dem gemeinhin gesagt wird, dass Verwaltung von Politik gelenkt wird.

VORLESUNG IV

1. William Pitt im Unterhaus am 18. November 1783.

2. Vgl. Ludwig von Mises, *Kritik des Internationismus*, *Jena* 1929, S. 5 et seq.

3. Anatole France, *Le lys Rouge*, Paris, 1894, S. 117-8. A. France war ein enger Freund und Vertrauter der führenden Sozialisten seiner Zeit wie z. B. Guesde, Jaurès und Léon Blum.

4. Anton Menger, *Das bürgerliche Recht und die besitzlosen Klassen*, (1896), 3. Aufl., 1904. Hervorhebungen nicht im Original.

5. E. B. Paschukanis, *Allgemeine Rechtslehre und Marxismus* (übersetzt nach der zweiten russischen Auflage, Moskau, 1927. Eine englische Übersetzung von die-

ser und von einer späteren Arbeit von Paschukanis ist kürzlich veröffentlicht worden in *Soviet Legal Philosophy*, übersetzt von H. W. Babb, Einführung von J. N. Hazard, Cambridge, Harvard University Press, 1951.

6. J. Bentham, *Principles of the Civil Code*, Works, Bd. I, S. 309.

7. Ibid. S. 143.

8. Ibid. S. 117.

9. Diese Zusammenfassung von Paschukanis Argument ist genommen von W. Friedmann, *Law and Social Change in Contemporary Britain*, London, 1951, S. 154.

10. Zu Paschukanis Schicksal bemerkt, R. Pound (*Administrative Law*), 1942, S. 127: „The professor is not with us now. With the setting up of a new Policy by the present government of Russia, a change in doctrine was called for and he did not move fast enough in his teaching to the doctrinal exigencies of the new order. If there had been law instead of only administrative orders, it might have been possible for him, to lose his job without losing his life."

11. Zitiert von V. Gsovsky, *Soviet Civil Law*, Bd. 1, Ann Arbor, 1948, S. 170, von P. J. Stuchka, *Encyclopaedia of State and Law*, Moskau 1925-1927, S. 1593.

12. Franz von Liszt, *Strafrechtliche Aufsätze*, 1893, Bd. II, S. 60.

13. Richard Thoma, „Rechtsstaatsidee und Verwaltungswissenschaft", *Jahrbuch für öffentliches Recht*, 1910, S. 199.

14. Edmund Bernatzik, *Rechtsstaat und Kulturstaat*, 1912, S. 56. Vgl. auch des gleichen Autors „Polizei und Kulturpflege" in Systematische Rechtswissenschaft (*Kultur der Gegenwart*, Teil II, Sektion VIII), Leipzig, 1906.

15. Ibid. S. 57.

16. F. Darmstaedter, *Die Grenzen der Wirksamkeit des Rechtsstaates*, Heidelberg, 1930, S. 268.

17. Ibid. S. 85.

18. G. Radbruch, *Rechtsphilosophie*, 4. Aufl., 1950, S. 357.

19. Vgl. C. H. F. Polak, *Ordening en Rechtsstaat*, Zwolle, 1951, und die Essays von W. Kägi und H. Huber in *Demokratie und Rechtsstaat* (Festschrift für Giacometti), Zürich, 1953.

20. G. Ripert, *Le Déclin du Droit*, Paris, 1949.

21. P. Roubier, *Théorie générale du droit*, Paris, 1950.

22. G. Ripert, l.c., S. 84.

23. Ibid. S. 158

24. Ibid. S. 192.

25. A. Cobban, *Edmund Burke and the Revolt against the 18th Century*, London 1929, S. 41.

26. A. V. Dicey, *Introduction to the Study of the Law of the Constitution* London 1915, S. XXXVIII.

27. Lord Hewart, *The New Despotism*, 1929.

28. Charakteristisch für die Behandlung, die diese ernste Warnung sogar auch in den Vereinigten Staaten erhielt, sind die folgenden Sätze, die Professor Felix Frankfurter (nun ein Richter am U.S. Supreme Court) 1938 veröffentlichte: „As late as 1929 Lord Hewart attempted to give fresh life to the moribund unrealities of Dicey by garnishing him with alarm. Unfortunately, the eloquent journalism carried the imprimatur of the Lord Chief Justice. His extravagant charges demanded authoritative disposition and they received it". („Current Developments in Administrative Law", *Yale Law Journal*, Bd. 47, Februar 1938, Introduction). Wenige Leute, die weitere Entwicklung in England beobachtet haben, werden nun die Berechtigung von Lord Hewarts Besorgnis bezweifeln. Kürzlich schrieb *The Economist* (19. Juni 1954, S. 952): „The „new despotism" in short, is not an exaggeration, it is reality. It is a despotism that is practiced by the most conscientious, incorruptible and industrious tyrants that the world has ever seen."

29. *Committee on Ministers' Powers, Report*, London, His majesty's stationary Office Cmd 4060, 1932; vgl. auch *Memoranda submitted by Government Departments in Reply to Questionnaire of November 1929* und *Minutes of Evidence taken before the Committee on Ministers' Powers*, Bd. II, Minutes, His Majesty' Stationary Office, London, 1932.

30. Report S. 23.

31. Ivor Jennings, “The Report on Minister’s Powers”, *Public Administration*, X, 1932 und XI, 1933.

32. Ibid. X S.342.

33. Ibid. S. 243.

34. Ibid. S. 345.

35. Ivor Jennings, *The Law and the Constitution*, 1933, 4. Aufl., London, 1952. Das Buch ist Harold Laski gewidmet. ... Nachdem diese Vorlesungen geschrieben wurden, habe ich mit großem Vergnügen ein Buch von Sir Ivor Jennings, *The Queen’s Government* (Pelican Books, 1954) gesehen, das beginnt und endet mit Sektionen des Lobes der Herrschaft des Gesetzes und gibt ein etwas idealisiertes Bild vom Ausmaß, in dem sie tatsächlich im heutigen England vorherrscht. Die Aussage (S. 152), dass „there is now here in the law a general power of reglementation – a word for the making of general rules in execution of the laws which has to be put into French because the idea itself does not exist in Britain” wäre wahrscheinlich im neunzehnten Jahrhundert angemessener gewesen, als sie heute ist.

36. I. Jennings, *Law and the Constitution*, S. 54.

37. Ibid. S. 291.

38. Ibid. S. 292.

39. Ibid. S. 294.

40. William A. Robson, Justice and Administrative Law, 3. Aufl., London, 1951.

41. Ibid. S. XI.

42. Ibid. S. 16.

43. Ibid. S. 433.

44. Ibid. S. 506.

45. Ibid. S. 572/3.

46. W. Friedman, *The Planned State and the Rule of Law*, Melbourne, 1948, abgedruckt in Law and Social Change in Britain, London, 1951. Hinweise werden auf diesen Nachdruck sein.

47. Ibid. S. 281: „Living as we do in a planned society, we have to accept it for the purposes of legal analysis, and in particular, for the redefinition of the rule of law".

48. Ibid. S. 284.

49. Ibid. S. 310.

50. W. Friedman, *Legal Theory*, 2. Aufl., London, 1949. Indem er auf S. 458 die Definition der Herrschaft des Gesetzes aus meiner Road to Serfdom zitiert, verändert dieser Jurist, von dem man annehmen muss, dass er zur korrekten Zitierweise fähig ist, fünf von sechsundvierzig Worten mit einer entsprechenden Veränderung in der Interpunktion.

51. Zu einer Charakterisierung von H. Laski, I. Jennings, W. A. Robson und H. Finer als Mitglieder der gleichen Gruppe vgl. I. Jennings „Administrative Law and Administrative Jurisdiction", *Journal of Comparative Legislation*, 3. Serie, XX, 1938, S. 103.

52. Herman Finer, Road to Reaction, Boston, 1945, S. 60.

53. Roscoe Pound, *The Spirit of the Common Law*, New York, 1921, S. 72.

54. C. G. Haines, *A Government of Law or a Government of Men, Judicial* or *Legislative Supremacy*. University of California, Los Angeles, 1929, S. 37.

55. Ibid. S. 18.

56. Jerome Frank, *Law and the Modern mind*, New York (1930). 6. Druck, 1949, S. 21; Vgl. auch S. 118.

57. John Dickinson, *Administrative Justice and the Supremacy of Law in the United States*, Cambridge. Harvard University Press, 1927, S. 41.

58. Roscoe Pound, „Administrative Procedure Legislation. For the Minority Report". *American Bar Association Journal*, November 1941, S. 678.

Anhang

M.E. Streit: Der Rechtsstaat – ein vergessenes Ideal*

„La liberté ne consiste que dans le règne des lois“
König Louis Philippe

Gliederung

1. Überblick

Äußerungen von Politikern in Deutschland enthalten nur zu häufig unbestimmte Begründungen mit dem Verweis auf den Rechtsstaat bzw. den demokratischen Rechtsstaat. Nachstehend soll geklärt werden, (1) worum es sich bei dem Rechtsstaat handelt, (2) welches ordnungsrelevante Prinzip dieses Ideal beinhaltet, (3) in wiefern dieses Prinzip durch politisches Handeln nur zu häufig durchbrochen wird und (4) dass mit dem Verweis auf den Rechtsstaat und die Rechtsstaatlichkeit seine konstituierenden Elemente verloren und vergessen wurden, womit der Begriff einen obsoleten Klang erhielt (LEONI 1991, S. 58).

2. Das Ideal des Rechtstaates

Der Rechtsstaat gilt als „Ideal der liberalen Bewegung“ (HAYEK 1971/2005, S. 274). Häufig wird er auch mit Begriffen verbunden wie „Herrschaft des Gesetzes“ (rule of law) und „Regierung unter dem Gesetz“ (government under the law)[1].

Mit der „liberalen Bewegung“ wird auf eine in der europäischen Kultur im 17. und 18. Jahrhundert verhaftete Gesellschaftsvorstellung verwiesen, welche normativ die individuelle Freiheit und Selbstverantwortung betont. Ihr Ursprung ist im klassi-

* Erschienen in: Reflexionen und Kommentare zur Wirtschaftspolitik, Contributiones Jenenses Bd. 11, Baden-Baden: Nomos, 2009, S. 101.

1 Auch LEONI (1991, S. 58) bezieht sich mit seinen Ausführungen zu „freedom and the rule of law“ auf eine Vorarbeit von HAYEK (1955), mit der dieser seine „Verfassung der Freiheit“ und seine dortigen Ausführungen zum Rechtsstaat (1971/2005, Kap. 13) ankündigt.

schen Athen (bei der Stoa) und – als Übernahme- im römischen Kaiserreich (bei Cicero) zu finden. In Deutschland ist das Freiheitsideal mit den Namen Immanuel Kant[2], Wilhelm von Humboldt und Friedrich Schiller eng verbunden.

Die Bewegung entwickelte sich im 17. Jahrhundert aus dem Widerstand gegen den Absolutismus[3]. Der Bewegung kam es darauf an, die staatliche Herrschaft zum Schutz der Bürger unter das Gesetz als gerichtlich durchsetzbare Regel zu stellen (government under the law). In England entwickelte sich daraus die rule of law als ein Verläufer des Ideals des Rechtsstaates[4].

3. Das ordnungsrelevante Prinzip: Isonomie

Rechtsstaatlichkeit ist durch ein zentrales ordnungsrelevantes Prinzip gekennzeichnet, die Gleichheit der Gesetze für alle Personen und Fälle (HAYEK 1953/2002, S. 40), die Isonomie[5]. Sie kann als Teil dessen angesehen werden, was als Universalisierbarkeit von Regeln unter Informationsaspekten bezeichnet wird (STREIT 2005, S. 131). Das bedeutet, dass Rechtsregeln (1) allgemeingültig sind, also ausnahmslos und unbefristet auf alle Akteure Anwendung finden sollen, (2), offen sind, in dem sie nur spezifische Handlungen untersagen und damit eine unbekannte Zahl von Handlungsmöglichkeiten zulassen sollen, (3) bestimmt sind, also nur solche Handlungen untersagen sollen, die zu kennen oder festzustellen von den Betroffenen erwartet werden kann.

Ordnungsrelevant wird die Isonomie im Falle von gesellschaftlichen Ordnungen, die aus dem Zusammenwirken oder der Interaktion von vielen Akteuren hervorgehen. Durch Isonomie geprägte Regeln erlauben es dem einzelnen Akteur, verlässliche Erwartungen über das Verhalten anderer zu bilden, indem er ausschließen kann, mit welchem Verhalten nicht zu rechnen ist. Beispiel hierfür ist das Privatrecht, nach dem sich das Verhalten der Akteure bei Markthandlungen richtet. Insofern hat das Privatrecht eine koordinationsbezogene, kanalisierende Wirkung[6].

4. Die Durchbrechung des Prinzips

Für die Entwicklung von Wohlfahrtsstaaten war charakteristisch, dass das Prinzip der Isonomie vielfach und häufig durchbrochen wurde. Das geschah auch in Deutschland

2 Zur Kantschen Rechtsstaatsidee vgl. HAYEK 1971/2005, S. 269 f.
3 HAYEK 1955, lecture II, S. 15ff. Auch Adam Smith (1759/2005, S. 629ff.) beurteilte die damit verbundene Außenhandelspolitik des Merkantilismus kritisch.
4 Zur Geschichte der Rechtsstaatlichkeit vgl. ZIPPELIUS S. 181ff.
5 Vgl. hierzu Vorlesung I, Teil A3 in diesem Band.
6 Hieraus leitet MESTMÄCKER (2007, S. 40) ab, dass es sich bei der freiheitssichernden „rule of law" um eine kurze Definition der Interdependenz von Rechtsordnung und ökonomischen System handele. Das erlaubt es ihm, auf Euckens Interdependenz der Ordnungen zu verweisen, einen Befund, zu dem auch HAYEK (1967/2003) mit seiner Arbeit „Rechtsordnung und Handelnsordnung" gelangt.

und wurde mit dem unbestimmten Ziel der „sozialen Gerechtigkeit" begründet. Ansatzpunkte für die im Namen dieses Ziels erhobenen politischen Forderungen sind wahrgenommene oder behauptete Unterschiede zwischen Markteinkommen und damit verbundene Unterschiede zwischen sozioökonomischen Positionen von Personen und Gruppen. Daraus ist nur zu leicht die Forderung nach einer Angleichung der Unterschiede durch Umverteilung ableitbar. Die Forderung selbst ist ökonomisch schlicht unsinnig; denn in einer marktwirtschaftlichen Ordnung gibt es niemanden außer dem Staat als Zahler von Transfers, der Einkommen verteilt. Das in einer Periode von einem Akteur erzielte Markteinkommen wurde nämlich durch Markthandlungen einer Vielzahl anderer Marktteilnehmer mitbestimmt, die dabei aus Selbstinteresse bemüht waren, allen Umständen Rechnung zu tragen, die sie für ihr Wirtschaften als wichtig erachteten und die nur sie kennen konnten. Weil es sich bei der marktwirtschaftlichen Ordnung um eine ungeplante, spontane Ordnung handelt, können die Einkommen als Ordnungsfolgen niemandem als Verursacher angelastet werden. Ursächlich verantwortlich ist nur der einzelne Akteur im Sinne seiner Selbstverantwortung.

Unbeschadet dieses fundamentalen Einwands wird immer wieder versucht, als ungleich Beurteiltes durch Ungleichbehandlung mit Mittel des Rechts anzugleichen. Mit dieser Ungleichbehandlung oder Diskriminierung wird das Prinzip der Isonomie im Namen der sozialen Gerechtigkeit durchbrochen. Sein ephemerer Gebrauch wurde in Deutschland daran erkennbar, dass Gesetzesvorhaben erst mit einer so genannten „sozialen Komponente" zustimmungsfähig gemacht wurden. Vom Gesetzgeber angestrebte Veränderungen in den individuellen Lebensumständen hatten aus dem gleichen Grund „sozialverträglich" zu sein. Mit derartigen Gesetzen konnte auf Zustimmung im Parlament und in der Bevölkerung gerechnet werden. Mit der Begründung, sie förderten die soziale Gerechtigkeit, wurde tabuisierend an einen verbreiteten Atavismus appelliert, „das heißt auf die Anwendung von Gefühlen auf eine Großgesellschaft, die wir in Hunderten von Tausenden von Jahren des Lebens in der kleinen Gruppe oder Horde entwickelt hatten". (HAYEK 1976/2004, S. 188).

Mit der problematischen Begründung, es diene der sozialen Gerechtigkeit, wird das Formalrecht im Interesse von als schutz- der fürsorgebedürftig beurteilten Personen und Gruppen materialisiert oder „sozial gebunden", indem Handlungsrechte eingeschränkt (reguliert) und generell die Vertragsfreiheit (im Miet-, Arbeits- und Gewerberecht) zugunsten von Personen und Gruppen korrigiert wird. Das führt zu einer „Reethisierung des Privat- und Wirtschaftsprivatrechts" (REUTER 1994, S. 352ff.) sowie zu einer Änderung der Rechtsauffassung. Die Gleichbehandlung durch das Recht ist der mit „sozial" begründeten Diskriminierung gewichen. Die durch das Recht Begünstigten haben die ökonomischen Folgen der Diskriminierung zu ihren Gunsten zu tragen, wie der gesetzliche Kündigungsschutz lehrt. Die so Geschützten, z.B. ältere Arbeitnehmer, stellen bei ihrer Einstellung ein Risiko dar, womit sich die Chancen bei einem Wechsel der Beschäftigung verringern, ohne dass dies bei den politisch Verantwortlichen so gesehen wird, die den Schutz im Namen der sozialen Gerechtigkeit und mit dem Blick auf anstehende Wahlen verursacht haben. Der politische Missbrauch dieser Gerechtigkeitsnorm zu Wahlkampfzwecken ist für Deutschland empirisch belegbar (VAUBEL 1991). Die so genannten sozialen Errungenschaften, die in den vergangenen Jahren Gegenstände von Reformbemühungen, weil nicht finanzierbar, waren, lassen sich, beginnend mit dem Betriebsverfassungsgesetz von 1953 und endend mit der gesetzlichen Pflegeversicherung von 1995 als Wahlgeschenke der jeweils regierenden Partei oder Koalition identifizieren. Sie mussten, politisch riskant, wieder eingesammelt, zumindest aber im Wert gemindert werden, ohne dass dies weitere Wahlgeschenke durch bessere Einsicht der vormals Schenkenden verhindert hätte.

5. Verloren und Vergessen

Die Ordnungsfolgen der Durchbrechung des rechtsstaatlichen Prinzips der Isonomie wurden von den politisch Verantwortlichen willentlich oder unwillentlich vergessen. Das liegt wohl daran, dass sich die ökonomischen Folgen dieses Prinzipienverstoßes erst mit Verzögerung einstellen[7] und es daher schwierig wird, sie auf den oder die politischen Verursacher zurückzuführen. Ferner wird eine solche Ursachenzurechnung dadurch erschwert, dass Marktwirtschaften, systemtheoretisch betrachtet, interaktiv komplex und offen sind. Deshalb lassen sich einfache Kausalitätsbeziehungen nur schwer identifizieren. Das begünstigt eine verschleiernde politische Diskussion über Verursachung. Bemühungen, über ordnungspolitisches Fehlverhalten aufzuklären, werden mit dem auf Unkenntnis spekulierenden Attribut „neoliberal" belegt (STREIT 2006). Sofern Personen und Gruppen von den Ordnungsfolgen negativ betroffen werden, kann wiederum das Schlagwort der sozialen Gerechtigkeit bemüht werden, um ihnen ordnungswidrige Hilfe zukommen zu lassen. Eine Interventionsspirale zeichnet sich ab, die geeignet ist, das marktwirtschaftliche System wachstums- und beschäftigungsschädigend zu erodieren und zu diskreditieren. Das dürften die laufenden Umfragen zur Wirtschaftsordnung Deutschlands belegen. Für die dabei auftretende Sprachverwirrung ist charakteristisch, dass die marktwirtschaftliche Ordnung mit der Sozialen Marktwirtschaft als wirtschaftspolitische Konzeption selbst von Politikern vermutlich aus Unkenntnis verwechselt wird. Dabei werden der Rechtsstaat und sein ordnungsrelevantes Prinzip, weil politisch opportun, verloren und vergessen.

7 Beispiele sind Erhaltungssubventionen, die auf Druck von Lobbyisten legitimiert werden, und Regulierungen zu Gunsten einzelner Berufsgruppen. Sie bewirken auf mittlere Sicht eine Behinderung des Wettbewerbs mit negativen Wachstums- und Beschäftigungsfolgen.

Literatur

Hayek, F.A. (1953/2002), Entstehung und Verfall des Rechtsstaatsideals; in ders.: Grundsätze einer liberalen Gesellschaftsordnung – Aufsätze zur Politischen Philosophie und Theorie, Gesammelte Schriften in deutscher Sprache, hrsgg. v. V. Vanberg, Tübingen: Mohr Siebeck, S. 39-62.

Hayek, F.A. (1955), The Political Ideal of the Rules of Law, Cairo: National Bank of Egypt. Dieser Band.

Hayek, F.A. (1967/2003), Rechtsordnung und Handelnsordnung – Aufsätze zur Ordnungs-Ökonomik, Gesammelte Schriften in deutscher Sprache, hrsgg. v. M.E. Streit, Tübingen: Mohr Siebeck, S. 35-73.

Hayek, F.A. (1971/2005), Die Verfassung der Freiheit, Gesammelte Schriften in deutscher Sprache, Bd. B3, hrsgg. v. A. Bosch und R. Veit, Tübingen: Mohr Siebeck.

Hayek, F.A. (1976/2004), Die Illusion der sozialen Gerechtigkeit; in: ders. Wissenschaft und Sozialismus – Aufsätze zur Sozialismuskritik, Gesammelte Schriften in deutscher Sprache, Bd. A7, hrsgg. v. M.E. Streit, Tübingen: Mohr Siebeck, S. 186-196.

Leoni, B. (1991), Freedom and the Law, erw. 3. Aufl., Indianapolis: Liberty Fund.

Mestmäcker, E.J (2007), A Legal Theory without Law, Walter Eucken Institut, Beiträge zur Ordnungstheorie und Ordnungspolitik, Bd. 174, Tübingen: Mohr Siebeck.

Reuter, D. (1994), Freiheitsethik und Privatrecht; in: W. Möschel, M.E. Streit, U. Witt: Marktwirtschaft und Rechtsordnung, Baden-Baden: Nomos, S. 349-356.

Smith, A. (1759/2005), Untersuchung über Wesen und Ursachen des Reichtums der Völker, hrsgg. v. E. W. Streissler, Tübingen: Mohr Siebeck.

Streit, M.E. (2005), Theorie der Wirtschaftspolitik, 6. Aufl., Stuttgart: Lucius & Lucius.

Streit, M.E. (2006), Der Neoliberalismus – Ein fragwürdiges Ideensystem? ORDO, Bd. 57, S. 91-98.

Vaubel, R. (1991), Der Missbrauch der Sozialpolitik in Deutschland – Historischer Überblick und Politisch-Ökonomische Erklärung; in: G. Radnitzky. H. Bouillon (Hrsg.): Ordnungstheorie und Ordnungspolitik, Berlin, Paris, Tokyo: Springer.

Zippelius, R. (1978), Allgemeine Staatslehre, München, Beck.

FSC
www.fsc.org
MIX
Papier | Fördert
gute Waldnutzung
FSC® C083411

Kolibri 360 GmbH
Ferdinand-Jühlke-Straße 7
99095 Erfurt, Deutschland
produktsicherheit@kolibri360.de